in der Beck'schen Reihe
2018

Eine Jüdische Geschichte zu schreiben, bedeutet stets auch eine Geschichte des Antijudaismus und des Antisemitismus zu schreiben. Doch würde man dem jüdischen Volk nicht gerecht, wenn man seine Historie nur im Lichte antijüdischer Ressentiments und Pogrome sehen wollte, die sich von der Antike über das Mittelalter bis in die Neuzeit verfolgen lassen und schließlich in Rassenwahn und Völkermord der Naziverbrecher enden. Man darf das Grauen nicht die Blüten der reichen Kultur, des Geisteslebens und der religiösen Strebungen der Juden verdunkeln lassen. Diesem Anliegen wird Kurt Schubert in seiner gut lesbaren Darstellung der wichtigsten Stationen und Entwicklungslinien der jüdischen Ereignis- und Geistesgeschichte von den Tagen Davids bis zur Gegenwart gerecht.

Kurt Schubert, Jahrgang 1923, ist emeritierter Professor für Judaistik. Er ist korrespondierendes Mitglied der Wiener Akademie der Wissenschaften, Ehrensenator der Universität Wien, geschäftsführender Vizepräsident des Österreichischen Jüdischen Museums in Eisenstadt und Präsident des Österreichischen Katholischen Bibelwerkes. Prof. Dr. Schubert hat zahlreiche Bücher und Studien über jüdische Geschichte, Religion und Philosophie verfaßt.

Kurt Schubert

JÜDISCHE GESCHICHTE

Verlag C.H.Beck

Die Deutsche Bibliothek – CIP-Einheitsaufnahme

Schubert, Kurt:
Jüdische Geschichte / Kurt Schubert. – Orig.-Ausg.
2., verb. Aufl. – München: Beck, 1996
(Beck'sche Reihe; 2018: C. H. Beck Wissen)
ISBN 3 406 39175 3
NE: GT

Originalausgabe
ISBN 3 406 39175 3

2., verbesserte Auflage. 1996
Umschlagentwurf von Uwe Göbel, München
© C. H. Beck'sche Verlagsbuchhandlung (Oscar Beck), München 1995
Gesamtherstellung: C. H. Beck'sche Buchdruckerei, Nördlingen
Gedruckt auf säurefreiem, alterungsbeständigem Papier
(hergestellt aus chlorfrei gebleichtem Zellstoff)
Printed in Germany

Inhalt

Zur Einführung	7
1. Die Voraussetzungen	9
2. Die Entstehung des nachbiblischen Judentums	13
3. Judentum und Hellenismus	21
4. Antijudaismus in der Antike	25
5. Der Begriff ‚Jüdisches Mittelalter'. Jüdische Siedlungsgeschichte. Jüdische Wanderbewegungen	30
6. Die Voraussetzungen für den christlich-jüdischen Antagonismus im Mittelalter	35
7. Das Judentum im frühen Mittelalter bis zur Zeit der Kreuzzüge	38
8. Die Kreuzzüge und die Folgen	43
9. Die Kammerknechtschaft	48
10. Die mittelalterlichen Beschuldigungen gegen die Juden	52
11. Die soziale Stellung des Judentums im Mittelalter. Zinsgeschäft, Pfandleihe, Politik	58
12. Das Judentum auf der Iberischen Halbinsel	63
13. Die messianischen Bewegungen des 16.–18. Jahrhunderts	77
14. Sabbatianismus im Westen	85
15. Chassidismus	87
16. Die Hofjuden und ihre Zeit	91
17. Aufklärung, Toleranz, Emanzipation	97
18. Antisemitismus im 19. Jahrhundert	103
19. Vom Rassenhaß zum Völkermord	113
20. Zionismus	122
21. „Nur die Pergamente verbrennen, die Buchstaben aber fliegen davon"	132
Hinweise zum Weiterlesen	136
Personenregister	138
Sachregister	141

Zur Einführung

Es ist heute für einen einzelnen nicht mehr möglich, eine vollständige Geschichte des Judentums zu schreiben. Als Volk in der Diaspora gehören die Juden den verschiedensten Kulturen an, beeinflußten sie und wurden von ihnen beeinflußt; da werden so viele Forschungsgebiete berührt, die *ein* Forscher nicht mehr überblicken kann. Überdies macht schon die Definition Schwierigkeiten, was unter jüdischer Geschichte überhaupt zu verstehen ist. Allgemein bedeutet Geschichte die Geschichte eines Staatsvolkes. Das aber waren die Juden seit der Antike nicht mehr und wurden es erst wieder in neuester Zeit durch den Zionismus und seine staatspolitische Folge: die Gründung Israels. Aber auch heute noch spielt die jüdische Diaspora neben Israel eine hochbedeutende Rolle, und auch Israel selbst steht kulturell noch vielfach unter ihrem Einfluß.

Salo W. Baron nannte sein mehrbändiges Monumentalwerk ‚A Social and Religious History of the Jews'. Es handelt sich also mehr um Sozial- und Religionsgeschichte, nicht um die politische Geschichte eines seine Geschicke selbst bestimmenden Staatsvolkes. Und dennoch war das Judentum – und ist es bis heute noch – von den politischen Ereignissen seines jeweiligen Lebensraumes nicht unberührt. Juden gestalteten die Geschichte der Länder mit, in denen sie wohnten. Man denke dabei u.a. nur an die Rolle der Hofjuden bei der Finanzierung der Heere der Landesherren, denen sie dienten, oder auch an die Rolle der Juden in der bürgerlichen Revolution von 1848. Juden waren betroffen von Pogromen, von Mord und Vertreibung und somit Opfer der Zeit und der Umwelt, in der sie lebten. Auch dies ist ein Stück jüdischer Geschichte. Juden nahmen teil am philosophischen und wissenschaftlichen Denken und beeinflußten auch so – gerade vom 19. Jahrhundert an – die allgemeine Geschichte. Aber Baron hatte Recht, wenn er von Sozial- und Religionsgeschichte sprach. Die jüdische Geschichte ist aber auch eine Kultur- und Geistesgeschichte. Die Verarbeitung der syrisch-arabischen

Aristotelesrezeption durch jüdisch mittelalterliche Denker war z.B. bestimmend für zentrale Themen der Hochscholastik. Hätte man auch derartige Probleme in ein Buch über jüdische Geschichte aufgenommen, man hätte wahrlich kein Ende gefunden.

Somit gibt es eine jüdische Sozial-, Religions-, Kultur- und Geistesgeschichte in allen Ländern der jüdischen Diaspora. Zentren wie Odessa, Saloniki, Venedig, Amsterdam, New York u.a. haben eine jüdische Eigengeschichte, die aber in den Grundzügen einander ähnlich ist, weil es immer Juden waren und sind, die ihren Lebensraum in der Diaspora – soweit sie bewußte Juden sind – im Sinne eigener jüdischer Kulturimpulse gestalteten und gestalten. Ich habe mich bei der Darstellung daher paradigmatisch auf das Mittelalter und die Neuzeit im deutschen und österreichischen Lebensraum beschränkt. Auch Spanien – wegen der hochbedeutenden jüdischen Kultur in diesem Land – und Osteuropa, soweit es kulturwirksam das deutsche und österreichische Judentum mit beeinflußte (Chassidismus, Haskala), wurden berücksichtigt. Dies soll ein Buch zur ersten Information sein, das zum Weiterlesen und zum Weiterforschen anregen möchte.

Wien im September 1994   *Kurt Schubert*

1. Die Voraussetzungen

Zur Geschichte des biblischen Israel bis zur Zerstörung Jerusalems durch die Römer 70 n. Chr. gibt es viele allgemein zugängliche Veröffentlichungen. Daher wird hier nur kurz auf die Entwicklungslinien eingegangen, die einerseits das Selbstverständnis des biblischen Volkes Israel bestimmten und andererseits auch zu Voraussetzungen für das nachbiblische Judentum wurden. Dt 26,5–8 heißt es: „Ein nomadisierender Aramäer war unser Vater, er stieg hinunter nach Ägypten und wohnte dort mit wenig Leuten. Dort wurde er zu einem großen, starken und zahlreichen Volk. Die Ägypter verfuhren bös mit uns, unterdrückten uns und behandelten uns als Zwangsarbeiter. Da schrien wir zu JHWH, dem Gott unserer Väter, und es hörte JHWH unsere Stimme, sah unsere Unterdrückkung, unsere Mühsal und unsere Bedrängnis. Da führte uns JHWH hinaus aus Ägypten mit starker Hand und erhobenem Arm unter großer Furcht und mit Zeichen und Wundern. Er führte uns an diesen Ort und gab uns dieses Land, ein Land fließend von Milch und Honig." Wer diese Sätze liest, versteht, warum das seit der Römerzeit im antijüdischen Sinn ,Palästina' (Philisterland) genannte Land von den Juden auch heute noch ,Land Israel' (eretz Jisrael) genannt wird.

Dieses Bekenntnis hat aber schon eine längere Vorgeschichte. Die biblischen Protoisraeliten – die Patriarchen Abraham, Isaak und Jakob – waren ein Teil der Westsemiten, zu denen auch u. a. Hammurapi von Babylon gehörte. Sie lebten etwa um die Mitte des 2. Jahrtausends. Obwohl die biblischen Berichte viel später – etwa zwischen dem 10. und dem 5. Jh. – formuliert wurden, weisen manche Erzählungen der Genesis überlieferungsgeschichtlich bis in diese frühe Zeit zurück. Jene Gruppe der Protoisraeliten, die als Zwangsarbeiter in Ägypten waren und denen etwa gegen Ende des 12. Jhs. der Auszug aus Ägypten gelang, brachte die Überzeugung mit ins Land, daß JHWH der Gott der Väter sei, der geschichtsmächtig sein

Volk aus der ägyptischen Knechtschaft befreit hatte. Dabei spielte die Person des Moses eine wichtige Rolle.

Die Vereinigung einzelner Stammesgruppen (Richterzeit) zu einem Staatsvolk war wesentlich den Philistern zu verdanken, deren Druck die israelitischen Stämme zu gemeinsamen Aktionen zwang. So entstand etwa um 1000 v. Chr. das Königtum. Nach dem Fiasko Sauls, der von den Philistern besiegt worden war und daraufhin Selbstmord begangen hatte, gelang David der entscheidende Sieg über die Philister. David wurde damit König über Juda und König über Israel.

David übergab das geeinte Reich zunächst seinem Sohn Salomo, nach dessen Tod (um 926) es wieder zerfiel. In die Zeit Salomos fiel die Errichtung des Tempels in Jerusalem, der zu dieser Zeit zwar die zentrale, aber nicht die einzige JHWH-Kultstätte war. Nach dem Zerfall des salomonischen Reiches nach Salomos Tod in das Nordreich Israel und das Südreich Juda entstanden in Israel Konkurrenzkultstätten (1 Kg 12,26–32). Das Nordreich Israel ging 722 durch die Assyrer, das Südreich Juda 587 durch die Babylonier zugrunde. In die Zeit der geteilten Reiche fällt die Wirksamkeit vieler biblischer Propheten, die vor allem die Suffisanz der arrivierten Kreise und die königliche Politik kritisierten, weil sie darin eine Gefahr für die Reinheit der israelitischen JHWH-Verehrung sahen. Im Lande Israel sollte für Ba'al kein Platz sein. Dort galt der Satz Ex 20,3: „Du sollst keinen anderen Gott verehren." Nach dem Ende des Nordreichs gelang Josia um 622 eine Kultzentralisierung nach Jerusalem, die die Bedeutung des JHWH-Kultes in Jerusalem auch für die spätere Zeit entschieden prägte.

Den Exilierten des Südreiches Juda verdankt das Volk sein weiteres Bestehen in der Geschichte, daher nennt man es auch ‚Juden'. Sie entwickelten ein Selbstverständnis, nach dem das Durchhalten in der Geschichte identisch wurde mit dem Sendungsauftrag des Judentums in der Geschichte. Das religiöse Gesetz wurde als Naturordnung verstanden, nach der sich selbst Gott richtete, weil auch er am Sabbat ruhte (Gn

1–2,4a). Jetzt mußten die heidnischen Götter zu Götzen entmythologisiert werden, die Augen haben und nicht sehen, und Ohren und nicht hören. Der Exilsprophet Deuterojesaja (46,6f) faßte es für alle Zukunft gültig in die Worte: „Die das Gold aus dem Beutel schütten und das Silber auf der Waage wiegen, sie dingen einen Goldschmied, daß er einen Gott daraus mache. Dann fallen sie vor ihm nieder und beten ihn an. Sie nehmen ihn auf die Schulter und tragen ihn und setzen ihn nieder; er bleibt auf seinem Platze stehen und regt sich nicht von der Stelle. Schreit man ihn an, so gibt er keine Antwort und rettet nicht aus der Not." Demgegenüber lenkt JHWH, der geschichtsmächtige Bundesgott, die Geschichte jetzt zugunsten seines Volkes. So heißt es bei demselben Deuterojesaja (44,28–45,5): „Der zu Kyros sagt: mein Hirt. Meinen ganzen Plan wird er ausführen und von Jerusalem sagen: ‚Es werde aufgebaut', und vom Tempel: ‚Er werde neu gegründet'. So spricht der Herr zu seinem Gesalbten, zu Kyros, dessen Rechte er ergriffen hat, um vor ihm die Völker niederzuwerfen … Um meines Knechtes Jakob, um Israels, meines Erwählten, willen rief ich dich beim Namen …, obwohl du mich nicht kanntest." Also: Alle Veränderungen im nahöstlichen Raum, der Sieg des Persers Kyros über das neubabylonische Reich, geschahen nur ‚um Israels willen', dem Kyros 539 die Erlaubnis zum Neuaufbau des 587 von Nebukadnezar zerstörten Tempels in Jerusalem gab, was auch die Bewilligung einer Rückkehr nach Zion implizierte, von der allerdings nicht alle Deportierten Gebrauch machten.

Die Heimgekehrten, die den bescheidenen nachexilischen Tempel im Jahre 515 eingeweiht hatten, verstanden sich als Repräsentanten der gesamten 12 Stämme des Volkes, wie aus Ezra 6,17 hervorgeht, wo es heißt, daß sie 12 Ziegenböcke als Sühneopfer für ganz Israel gemäß der Anzahl der Stämme Israels dargebracht hätten. Die Rückkehrer repräsentierten also in ihrem Selbstverständnis das heilsgeschichtliche Gesamtisrael. Dennoch aber bestand schon damals das Problem der jüdischen Identität. Die hohepriesterliche Familie und andere arrivierte Persönlichkeiten suchten gutnachbarliche

Beziehungen zu ihrer nichtjüdischen Umgebung. Dadurch war aber ihre jüdische Existenz bedroht, weil für diese die Zurückweisung jeder Form von religiösem Synkretismus existenzbestimmend war. Diese Situation rief die Intervention der babylonischen Diaspora auf den Plan. In der 2. Hälfte des 5. Jhs. wirkten Ezra und Nehemia – wie die Berichte des Josephus Flavius über das 3. Jh. erkennen lassen –, aber nicht mit großem Erfolg. Die Assimilationsbereitschaft gerade in hohepriesterlichen Kreisen ging weiter.

In die nachexilische Zeit fällt auch der Beginn der Apokalyptik mit ihrer dringenden Erwartung einer bevorstehenden Weltenwende. Sie bot gerade jenen Hoffnung, die den Assimilationstendenzen gegenüber skeptisch waren. Wie manche Apokryphen und die späteren Qumrantexte (ab etwa 150 v. Chr.) erkennen lassen, gab es unter den apokalyptisch gestimmten Gegnern der Assimilation auch priesterliche Kreise. Doch zur Explosion kam eine Entwicklung, die sich wohl schon im 3. Jh. vorbereitet hatte, erst im 2. Viertel des 2. Jhs. Das syrisch-seleukidische Reich, zu dem das Land Israel damals gehörte, unterstützte die Assimilanten und deren Angleichungsbereitschaft an die hellenistische Kultur und Religion. Das aber war für die Konservativen aller Schattierungen ein Greuel. Im Makkabäeraufstand 168–164 fanden sie zusammen, doch zerbrach diese Koalition bereits kurz nach der Wiedereinweihung des Tempels im Jahre 164 v. Chr. So entstanden etwa um die Mitte des 2. Jhs. v. Chr. die Religionsparteien der Pharisäer, Sadduzäer und Essener. Über die letzteren sind wir durch die Qumrantexte sehr gut unterrichtet. Pharisäer und Sadduzäer waren dann bis zur Zerstörung des Tempels 70 n. Chr. durch die Römer die entscheidenden Gruppen in der jüdischen Selbstverwaltung, dem Synedrion. Alle anderen, wie z. B. die Essener und die antirömischen Aufstandsgruppen, gehörten zur außersynedralen Opposition. Sie waren alle vom apokalyptischen Denken bestimmt und erwarteten die Gottesherrschaft des Endes der Tage. Ihnen gegenüber waren die synedralen Parteien realistischer und weniger schwärmerisch.

Der große Aufstand gegen Rom 66–70 n. Chr., führte letztendlich zur Zerstörung des Tempels, von dem heute nur noch
die Westmauer des herodianischen Baues erhalten ist.

2. Die Entstehung des nachbiblischen Judentums

Durch die Tempelzerstörung und das militärische Fiasko waren alle apokalyptisch orientierten und zelotischen Gruppen
einschließlich der Qumran-Essener, deren Niederlassung am
Nordwestufer des Toten Meeres im Jahre 68 von den Römern
zerstört wurde, desavouiert. Einzig die Pharisäer blieben übrig, die nunmehr durch die sich ausbildende rabbinische Tradition die Basis für das schufen, was man ‚normatives Judentum' nennt. Sie mußten sich gegenüber konkurrierenden Bewegungen wie Christentum und Gnosis behaupten und einen
Rahmen für das bestimmen, was man als jüdisch bezeichnen
kann. Das Adjektiv ‚normativ' darf aber nicht in dem Sinn
mißverstanden werden, als ob es nunmehr eine starre Ausle-
gung des jüdischen Gesetzes mit Ausschließlichkeitsanspruch
gegeben hätte. Ganz im Gegenteil zeigen die rabbinischen
Traditionen in Talmud und Midrasch eine breite Palette von
Verständnismöglichkeiten.

Mit den biblischen Propheten verstand man die Tempelzerstörung auch als Strafe Gottes für die Sünden Israels. Strafe
wurde aber – ebenso wie bei den Propheten – nicht als das
letzte Wort Gottes verstanden. Umkehr und Buße schaffen
immer neue Chancen. Charakteristisch dafür ist eine Erzäh-
lung, die in Abhot de Rabbi Natan 4 überliefert wird: „Einst
ging Rabbi Jochanan ben Zakkai aus Jerusalem heraus und
Rabbi Jehoschua folgte ihm. Da sah er, wie das Tempelheilig-
tum verwüstet dalag, der Ort, wo man früher die Sünden Israels zu entsühnen pflegte. Da sprach er zu ihm: ‚Mein Sohn, sei
nicht betrübt! Wir haben eine Entsühnung, die der ersten
gleichkommt.' ‚Und welche ist dies?' ‚Das Tun guter Werke,

denn es heißt: Wohltun will ich und keine Opfer!'" (Hos 6,6). Obwohl dieser Jochanan ben Zakkai eindeutig zur radikal antizelotischen Fraktion der Pharisäer gehörte, hat auch er offenbar die Tempelzerstörung nicht verwunden. Auf seinem Totenbett soll er im Jahre 80 zu seinen Schülern laut Berakot 28 b gesagt haben: „Bereitet den Thron für Hiskia, den König von Juda, der da kommen soll." Jetzt fanden apokalyptische Gedanken auch Eingang bei Rabbinen, die man in gewisser Hinsicht als Nachfolger der Pharisäer bezeichnen kann, deren Lehren im Laufe der Zeit natürlich auch weitergebildet und neu verstanden wurden.

Etwa um die Wende des 1. zum 2. Jh. entstanden zwei Apokryphen, 4 Ezra und syr Baruch, deren religionsgeschichtlicher Ort schwerlich genau zu bestimmen ist. Sie standen jedenfalls dem Pharisäismus viel näher als die Apokryphen des 2. und 1. Jhs. v. Chr. Die Verfasser beider Texte waren der Meinung, daß die Tempelzerstörung und die vielen Übel in der Welt ein untrügliches Zeichen dafür seien, daß diese ihrem Untergang entgegengeht. So heißt es in 4 Ezra 4,26: „Es eilt die Welt mit Macht zu Ende", oder 5,55: „Die Schöpfung ist schon alt und über die Jugendkraft hinaus." Man wartete also weiterhin – und jetzt auch etliche Rabbinen – auf die große Wende. So entstand auch im 2. Jh. n. Chr. eine neue Form rabbinischer Apokalyptik, die in den rabbinischen Texten selbst ihren Niederschlag fand. Die ‚Wehen der messianischen Zeit', die ‚Tage des Messias' und die ‚Kommende Welt' wurden nun auch zu Themen, mit denen sich viele rabbinische Gelehrte beschäftigten. Dazu gehört auch die Zustimmung Rabbi Akibas zum Bar Kochba-Aufstand (132–135) und die Idealisierung der Parther als Rechtsnachfolger des Kyros, der 539 v. Chr. den Wiederaufbau des Tempels ermöglicht hatte.

Dieser Umschwung hin zu messianischen Spekulationen und zur messianischen Naherwartung hatte auch politische Konsequenzen. Während des Partherfeldzuges Trajans (114–117 n. Chr.) kam zunächst der größte Teil der jüdischen Gemeinden Babyloniens unter römische Herrschaft. Die Sympathien der Juden blieben aber eindeutig auf seiten der Parther, ja, sie dürften sich sogar an einem bewaffneten Aufstand gegen die Römer hinter deren Rücken beteiligt haben. Wie Eusebius, Chronik zum Jahre 115, berichtet, befahl Trajan im Jahre 115 n.Chr. seinem Feldherrn L. Quietus, gegen die Juden Mesopotamiens mit Waffengewalt vorzugehen, wobei Tausende von Juden ums Leben gekommen sein sollen. Ebenso soll L. Quietus vom Kaiser als Prokurator über Judäa bestimmt worden sein. Eusebius, Chronik zu den Jahren 114, 116 und 117, und Dio Cassius 68,32 berichten aber auch davon, daß zur selben Zeit gewaltige Aufstände in Alexandria, Ägypten, Cyrene und Zypern ausbrachen, die von 115 bis 117 dauerten. Wie schon erwähnt, dürfte sein zeitliches Zusammenfallen mit dem Partherfeldzug kein reiner Zufall gewesen sein. Wenn auch die antiken Nachrichten über die Opfer dieser Aufstände übertrieben sind, die Folgeerscheinungen jedenfalls lassen erkennen, daß sie sehr blutig gewesen sein mußten. Dio Cassius berichtet, daß die Juden daraufhin in Zypern Ansiedlungsverbot erhalten hätten, ja, daß sie nicht einmal als Schiffbrüchige dort an Land gehen durften. Den größten Schaden aber erlitt die jüdische Gemeinde von Alexandria, deren kulturelle und politische Bedeutung durch die Niederwerfung des Aufstandes gebrochen war.

Die rabbinische Führungsschicht im Lande Israel konnte das Land selbst noch aus der Aufstandsbewegung heraushalten. Ihre realistische Einschätzung der Verhältnisse geht aus einer kurzen Notiz in Sota IX,14 hervor, wo es heißt, daß man zur Zeit des Krieges des Quietus nur angeordnet hatte, daß die Kinder nicht mehr in Griechisch unterrichtet werden dürften. Alle Ansätze zur Assimilation wollte man vermeiden, ohne aber selbst in den Aufstandstaumel hineingerissen zu werden.

Ebenso funktionierte in den auf die Tempelzerstörung folgenden Jahrzehnten auch die Umstellung des von einem Hohepriester präsidierten Sanhedrins aus der Zeit vor der Tempelzerstörung in eine ausschließlich rabbinische Gelehrtenbehörde. In Zusammenarbeit mit den Juden in der Diaspora gelang es dieser, die härteste Folge der Tempelzerstörung zu mindern: Alle Juden hatten nunmehr eine Kopfsteuer von 2 Drachmen an den Tempel des Jupiter Capitolinus zu entrichten, den sogenannten fiscus judaicus. Um dieser beschämenden Besteuerung entgegenzuwirken, wurde neben dieser römischen Pflichtsteuer auch von den Juden der Diaspora die bisherige Tempelsteuer von einem halben Scheqel weiterhin an das nunmehr aus rabbinischen Gelehrten zusammengesetzte Sanhedrin geschickt.

Doch zu einer echten Befriedung war es noch nicht gekommen. Nach Dio Cassius 69,12 wollte Hadrian an der Stelle des zerstörten Tempels in Jerusalem einen Tempel des Jupiter Capitolinus errichten. Ebenso wollte er Jerusalem unter dem Namen Aelia Capitolina wieder aufbauen. Unter Hadrian dürfte auch das Kastrationsverbot auf die Beschneidung ausgedehnt worden sein. Das war nun auch für etliche rabbinische Gelehrte zuviel. Mag sein, daß sie das schon als die ‚Wehen der messianischen Zeit' verstanden, die dieser unmittelbar vorausgehen sollten. So wuchs die Aufstandsbereitschaft auch in rabbinischen Kreisen, wenn auch bei weitem nicht alle Gelehrten von ihr ergriffen wurden.

Der Aufstand brach im Jahre 132 los, gleich nachdem Hadrian Syrien und Palästina verlassen hatte. Die während des Aufstandes geschlagenen Münzen tragen die Aufschrift: ‚Freiheit Jerusalems'. Der militärische Führer des Aufstandes hieß, wie wir aus Originalurkunden wissen, die nach dem Zweiten Weltkrieg in der Wüste Juda gefunden wurden, Schimon ben Kosiba. Dieser sein tatsächlicher Name verleitete offenbar zusätzlich seine Anhänger dazu, ihn mit dem messianischen Würdenamen Bar Kochba ‚Sternensohn' zu bezeichnen. Aber nach dem Scheitern des Aufstandes gab er auch seinen Gegnern den Anlaß, ihn Ben Kozba ‚Lügensohn' zu nennen. Zunächst hatten die Aufständischen Partisanenerfolge gegen Rom. Weite Teile des Landes, sogar Jerusalem, konnten befreit werden. Doch wie bei der ersten Aufstandsbewegung, 66–70, mußten die jüdischen Kämpfer Stück für Stück ihre Positionen räumen und den römischen Legionären überlassen.

Die nach dem Zweiten Weltkrieg im Zuge der Erforschung der Qumran-Höhlen auch wissenschaftlich untersuchten Höhlen im südlich davon gelegenen Nachal Chebher geben uns Aufschluß über die Verwaltung des Bar Kochba-Regimes in Judäa und einen ergreifenden Einblick in den Verteidigungswillen sowie das messianische Vertrauen der Aufständischen. En Gedi am Westufer des Toten Meeres war ein wichtiges Verwaltungs- und Nachschubzentrum. Nach der Besetzung En Gedis durch die Römer zogen sich die Aufständischen in die Höhlen zurück, in die sie nicht nur Waffen und Proviant, sondern auch Teile ihrer Archive mitgenommen hatten. Diese Höhlen wurden aber auch ihr Grab. Ihre Einstellung war ähnlich derjenigen der Verteidiger Massadas, die im Jahre 73 n. Chr. es ebenfalls vorgezogen hatten, in der Festung zu sterben, als sich den belagernden Römern zu ergeben.

Etwa gleichzeitig mit der Besetzung Judäas durch römische Legionäre fiel 135 n. Chr. auch Jerusalem und die letzte Festung der Aufständischen, Betar, etwas westlich von Jerusalem. In diesen Kämpfen fiel offenbar auch Schimon ben Kosiba, der gescheiterte messianische ,Fürst über Israel'. Jetzt konnte auch der Aufbau von Aelia Capitolina, einer heidnischen Stadt anstelle des biblischen Jerusalem, ungehindert voranschreiten. Dem Judentum in Palästina war das militärische Rückgrat gebrochen. Ja, den Juden wurde verboten, Aelia Capitolina zu betreten und sich dort niederzulassen. Als Folge des verlorenen Krieges gegen Rom mußte das Judentum Palästinas auch eine Religionsverfolgung über sich ergehen lassen, die der des Antiochos IV. von 168–164 v. Chr. glich. Die Beschneidung, die Einhaltung des Sabbats und die Ordination rabbinischer Gelehrter wurden verboten. Rabbi Akiba, der geistige Führer des Aufstands unter den rabbinischen Gelehrten, starb als Märtyrer (Berakhot 61 b), und Sanhedrin 14 a berichtet vom Martyrium des Jehuda ben Baba, der anläßlich der Ordination von fünf Schülern des Rabbi Akiba das Martyrium erlitt. Über die katastrophalen wirtschaftlichen Folgen des Aufstands unterrichtet u. a. eine kurze Mitteilung in j Pea 20 a: „Damals gab es keine Olivenbäume im Lande, denn der Frevler Hadrian ist gekommen und hat das ganze Land verwüstet." Doch auch unter solchen Bedingungen stellte das Judentum seinen Willen zum Überdauern in der Geschichte unter Beweis. Nach einem Bericht in Abhoda Zara 18 a wurde Chanina ben Teradion, eingewickelt in eine Torarolle, auf einem Scheiterhaufen verbrannt. Lächelnd sagte er dabei seinen Schülern: „Nur die Pergamente verbrennen, die Buchstaben aber fliegen davon."

Nach dem Regierungsantritt des Antoninus Pius im Jahre 138 n. Chr. wurden die hadrianischen Edikte wieder zurückgenommen. Das Beschneidungsverbot wurde auf die Beschneidung von Proselyten reduziert. Was die Halakha, das jüdische Religionsgesetz betrifft, bedeutete das keinen wesentlichen Eingriff in die jüdische religiöse Praxis, da man mit der Aufnahme von Proselyten ohnehin sehr zurückhaltend war. Doch nach wie vor durften Juden Jerusalem nicht betreten.

Durch die Zerstörungen im Raum von Judäa wurde nunmehr Galiläa das neue jüdische Zentrum. Die übriggebliebenen rabbinischen Gelehrten versammelten sich in dem kleinen niedergaliläischen Städtchen Uscha, um dort einen neuen Sanhedrin zu gründen. Patriarch in diesem neuen Sanhedrin war Schimon ben Gamaliel II., der Sohn Gamaliels II., der schon in Jabhne Patriarch war, wo sich die jüdischen Gelehrten nach dem ersten Aufstand (66–70) versammelt hatten und wo offenbar einige von ihnen schon während des Aufstands waren. Das Patriarchat von Uscha setzte den Anfang zu einer Entwicklung, die bis in das 5. Jh. reichte. Die Patriarchen leiteten ihre Abstammung über Hillel vom davidischen Königshaus ab. Diese Genealogie entsprach aber mehr einer tatsächlichen politischen Gegebenheit und einem innerjüdischen Machtanspruch als realen familiären Abstammungsverhältnissen. Die Patriarchen waren die höchsten jüdischen Beamten, die das Judentum im Römischen Reich den Behörden gegenüber zu vertreten hatten. Für den innerjüdischen Bereich war der Patriarch Gesetzgeber, Richter und oberste Verwaltungsinstanz. Die Patriarchen waren reich, im 3. Jh. wurde ihnen sogar vom

Kaiser eine Art Leibgarde zur Verfügung gestellt. Der bedeutendste Patriarch war wohl Jehuda hannasi in den Jahrzehnten um 200, auf den die Redaktion der Mischna zurückgeht.

Jehuda hannasi wurde in der Nekropole von Bet Sche'arim im Süden der niedergaliläischen Berge bestattet. Dort finden sich die ersten Zeugnisse einer – wenn auch noch unbeholfenen – figuralen jüdischen Kunst. Ein etwa gleichzeitiges literarisches Zeugnis dafür findet sich in j Abhoda Zara III,1(42c). Als der Bildergegner Nachum bar Simai starb, mußte man seinen Aufbahrungsplatz mit Matten bedecken, damit die dort vorhandenen Bilder sein – wenn auch schon totes – Auge nicht verletzten.

Die Verschlechterung der Wirtschaftslage im 3. Jh. zur Zeit der Soldatenkaiser und vor allem die Folgen des Edikts von Mailand im Jahre 313 führten zunächst zu einer Abwertung des Patriarchats und dann zu seiner gänzlichen Aufhebung. 415 erließ Theodosius II. eine scharfe Rüge an den Patriarchen, dem vorgeworfen wurde, ohne staatliche Bewilligung neue Synagogen gebaut zu haben. Er wurde vom ‚vir illustris‘ zum ‚spectabilis‘ degradiert. Dieser Gamaliel VI. hatte keinen leiblichen Nachfolger. In einem Gesetz aus dem Jahre 429 wird bereits das Ende des Patriarchats erwähnt. Damit und mit dem Codex Theodosianus von 438 beginnt die Geschichte der Juden im christlichen Mittelalter.

Natürlich mußten sich die rabbinischen Gelehrten mit der neuen Situation auseinandersetzen. So spekulierten sie über die äußeren Umstände der erwarteten Weltenwende, die irgendwann in ferner Zukunft Wirklichkeit werden sollte. Man mußte sich mit Rom, das mit der Chiffre ‚Edom‘ oder auch als ‚frevlerisches Reich‘ bezeichnet wurde, abfinden und seinen eigenen Platz als Gottes Minorität in einer Welt wählen, die dem Judentum skeptisch und auch häufig ablehnend gegenüberstand. Aber in diesem Sinne mußte das Ja zur eigenen Existenz auch letztlich ein Ja zu den realen politischen Machtverhältnissen bedeuten.

Trotzdem darf die Zeit des 3.–5. Jhs. nicht grundsätzlich negativ gesehen werden. Es entstand seit dem 3. Jh. nicht nur eine imposante figurale jüdische Kunst sowohl im Lande Israel als auch in der Diaspora, die noch heute vom Wohlstand wie auch von der den neuen Umständen angepaßten jüdischen Frömmigkeit Zeugnis ablegt. Die Synagogen verstand man als ‚Heilige Plätze', an denen sich die Schekhina, die göttliche Wesensgegenwart wie vorher im Tempel mit den Betenden vereinte. So wurde die Tempelzerstörung praktisch überwunden. Die messianische Hoffnung fand ihren neuen Platz in der Mystik, durch die der einzelne das eschatologische Ereignis der Schau von Angesicht zu Angesicht einerseits vorwegnehmen konnte und andererseits darüber Auskunft erhoffte, wann „der Tag der Rache kommen wird, der dem frevlerischen Rom bereitet ist".

Etwas anders als in Palästina verlief die jüdische Geschichte in Babylonien. Die jüdische Ansiedlung dort geht bis auf das babylonische Exil im 6. Jh. v. Chr. zurück. Die Verbindung mit dem alten Mutterland wurde nie aufgegeben, wofür u. a. Ezra, Nehemia und Hillel Zeugnis ablegen. Während der Seleukidenzeit waren die Juden offenbar den Griechen gleichgestellt. Noch bessere Bedingungen fanden die Juden im Reich der arsakidischen Parther, zu denen Babylonien seit 129 v. Chr. gehörte. Die Juden, die in nahezu geschlossenen Siedlungen wohnten, lebten von Ackerbau, Viehzucht, Handwerk und Handel. In religiösen Belangen waren sie vollkommen uneingeschränkt. Die jährliche Tempelsteuer von einem halben Scheqel konnte ohne weiteres nach Jerusalem gebracht werden. Auch die neue Ära der Sassaniden ab 224 n. Chr. änderte grundsätzlich nicht die jüdischen Lebensbedingungen in Babylonien. An der Spitze der babylonischen Juden stand der Exilarch, der, wie der Patriarch im Lande Israel, für sich davidische Abstammung beanspruchte. Während aber das Patriarchat im christlich gewordenen Römerreich in der ersten Hälfte des 5. Jhs. erlosch, hielt sich das Exilarchat in Babylonien bis in die islamische Zeit.

Die bedeutendste Leistung der babylonischen Juden war die Gründung von Akademien, in denen die jüdische Überlieferung gelehrt und gedeutet wurde. Solche Lehrhäuser gab es in

Nehardea, Sura und Pumbedita. Wenn auch die Synagoge von Dura Europos am Euphrat vor ihrer Zerstörung im Jahre 256 noch zum römischen Machtbereich gehörte, so kann man sie doch auch als ein typisches Zeugnis für das babylonische Judentum verstehen. Ihre Wandmalereien waren hellenistisch und parthisch zugleich; ebenso waren sie auch hellenistisch und rabbinisch zugleich. In ihnen spiegelte sich eine jüdische Kultur, die auch einem Außenstehenden auszudrücken vermochte, daß der Verkünder des jüdischen Gesetzes, Moses, als ‚theios anēr‘, als ein von der Gottheit berufener Mann, zu verstehen ist. Die Ausdeutung des Gesetzes des Moses über die in Palästina entstandene Mischna bis hin zum Monumentalwerk des babylonischen Talmud war die Leistung zahlreicher Gelehrter, der das Judentum viele Grundlagen für seine weitere Existenz verdankt.

Die große Bedeutung Babyloniens für die Entwicklung der jüdischen Tradition mußte natürlich auch Auswirkungen haben auf die Bestimmung des Verhältnisses zwischen Babylonien und Israel, wo besonders nach der Christianisierung des Römerreiches das Judentum nur mehr als eine geduldete Minorität existieren konnte.

3. Judentum und Hellenismus

Die jüdische Lehre von dem einen und absoluten Gott hatte eine gewisse Anziehungskraft für gebildete Griechen, entsprach sie doch auch dem, was die Philosophen über den Ursprung der Welt gelehrt hatten. Doch als befremdend empfanden sie das jüdische Gesetz, das jede Form eines volkstümlichen religiösen Synkretismus verbot und eine Trennmauer zwischen ihnen und den traditionsbewußten Juden errichtete. Von dieser Anziehungskraft einerseits und diesem Antagonismus andererseits war auch das Verhältnis der hellenistischen Welt zum Judentum geprägt, das sich seinerseits wiederum geläufiger hellenistischer Ausdrucksmittel bediente, um sein eigenes Selbstverständnis zu formulieren. Somit ist es nicht erstaunlich, daß die jüdischen Apologeten bis hin zu Philo von Alexandrien im 1. Jh. n. Chr. das Gesetz des Moses mit dem Naturgesetz identifizierten und Moses somit auch zum Lehrmeister für die Philosophen machten. Sie antworteten damit auf einen geläufigen Vorwurf ihrer Gegner, daß das Judentum nichts Nützliches zur Weltkultur beigetragen hätte. Demgegenüber heißt es z. B. bei Philo in der Vita Mosis I,21: „Aus allen Gegenden kamen bald Lehrer herbei, teils aus den Grenzländern und aus den ägyptischen Landesteilen unaufgefordert, teils für großen Sold aus Hellas herbeigeholt. Aber in nicht langer Zeit überragte er sie an Fähigkeit, denn durch seine natürliche Fassungsgabe kam er ihren Belehrungen zuvor, so daß es ein Sich-Erinnern und nicht ein Lernen zu sein schien." In dieselbe Kerbe schlug auch Josephus Flavius in Contra Apionem 2,16, wenn er hervorhob, daß Moses hinsichtlich seiner Gesetze und seiner Gedanken eindeutig die Priorität gegenüber den griechischen Philosophen zukomme.

Dem entspricht auch das Mosesbild sonst in der jüdisch-hellenistischen Literatur und in der jüdischen Kunst der Spätantike: Moses als der Verkünder des wahren und verpflichtenden Gesetzes, das auch in der Natur wirkt. In der Synagoge von Dura Europos am Euphrat aus der Mitte des 3. Jhs. n. Chr. werden zu der Kindheitsgeschichte des Moses die die Pharaonentochter begleitenden Dienerinnen als Nymphen dargestellt, um so die Qualität des Moses als ‚theios anēr' zu bestimmen. Auch die Moses-Darstellung in der christlichen Katakombe der Via Latina in Rom, deren Mosesikonographie unzweifelhaft jüdischen Ursprungs ist, zeigt dieselbe überragende Bedeutung des Moses allein schon durch die Größe seiner Gestalt. Den Leier spielenden König David identifizierte man mit der Rettergestalt des Orpheus, so in einer Schicht der Übermalungen der Toraschreinnische in der Synagoge von Dura Europos und aus dem Anfang des 6. Jhs. in einem Fußbodenmosaik einer Synagoge in Gaza.

Die Voraussetzung für die Übernahme griechisch-philosophischer Vorstellungen war die Auffassung in Spr 8,22.23.30, nach der die ‚Weisheit' schon vor der Weltschöpfung vorhanden war und Gott sich ihrer bei der Weltschöpfung bediente. Es war nun nichts leichter, als diesen Weisheitsbegriff mit dem stoisch-platonischen Logos zu identifizieren. So heißt es schon bei Jesus Sirach 24, also zu Beginn des 2. Jhs. v. Chr., daß die Weisheit aus dem Munde des Schöpfers hervorging und wie ein Nebel die Erde bedeckte. Ursprünglich wollte sie eines jeden Volkes Besitz sein. Doch wurde sie vom Schöpfer zum Volke Israel und nach Jerusalem gewiesen, wo sie Wurzeln schlagen konnte. Dies ist die älteste Gleichsetzung von Weisheit und Tora, die dann in der rabbinischen Literatur eine große Rolle spielte.

Die Gleichsetzung eines derartigen Weisheitsverständnisses mit dem stoisch-platonischen Logosbegriff gelang vielfach Philo von Alexandrien. Durch die Gleichsetzung der platonischen Ideenwelt mit der stoischen göttlichen Vernunft, dem Logos des Alls, gelang es Philo, sowohl an einem konkreten Schöpfergott festzuhalten, als auch das biblische Gesetz mit dem stoischen Weltgesetz zu identifizieren. Der philonische Logos ist einerseits als gedachte Welt das Vorbild für den sichtbaren Kosmos und andererseits die diesem Kosmos immanente Weltordnung.

Somit gelang es Philo, auch das für das jüdische Selbstverständnis Allerwichtigste zu formulieren. Dieses Naturgesetz, nach dem sich Gott bei der Weltschöpfung richtete, ist identisch mit dem Gesetz der Tora, das Gott durch Moses am Sinai seinem Volk gegeben hat. So in De opificio mundi 143: „Da aber jeder wohlgeordnete Staat eine Verfassung hat, so mußte der Weltbürger (Kosmopolit) natürlich nach derselben Verfassung leben wie die ganze Welt. Diese Verfassung ist das vernünftige Naturgesetz, das man besser göttliche Satzung nennt."

Eine derartige Gleichsetzung von ‚Weisheit' mit Tora findet sich auch im rabbinischen Schrifttum. Das erste Wort der Bibel wurde nicht nur im temporären, sondern auch im instrumentalen Sinn verstanden, wobei der Anfang, von dem hier die Rede ist, mit der göttlichen Weisheit und diese wiederum mit der Tora gleichgesetzt wurde. So heißt es schon in der Targumtradition zu Gn 1,1: „Am Anfang mit der Weisheit schuf Gott Himmel und Erde." Im Midrasch rabba zu Gn 1,1 findet sich auch ein dem philonischen sehr ähnliches Baumeistergleichnis im Namen des Rabbi Hoschaja, eines palästinensischen Gelehrten aus der ersten Hälfte des 3. Jhs. n. Chr. Nach dem Baumeistergleichnis heißt es dort: „So blickte der Heilige, gepriesen sei er, in die Tora und schuf erst dann die Welt." So heißt es in der Tora: „Mit dem Anfang erschuf Gott die Welt. Es gibt aber keinen anderen Anfang als die Tora selbst." Es ist also die Tora, die mit ihren Geboten und Satzungen das alltägliche Leben regelt, die auch der Plan für Gottes Weltschöpfung war. Die Tora als Instrument Gottes bei der Weltschöpfung bezeichnete etwa zu Beginn des 2. Jhs. n. Chr. Rabbi Akiba nach Abhot III,14: „Geliebt sind die Israeliten, denn ihnen ist das Gerät übergeben worden, mit dem die Welt erschaffen wurde."

Durch die Gleichsetzung von Weisheit/Logos und Tora gelang es dem Judentum der hellenistischen Zeit, eine wichtige Voraussetzung zum Überdauern in der Geschichte zu schaffen. Ist die Tora identisch mit der Naturordnung, nach der sich Gott bei der Weltschöpfung richtete, dann muß der Mensch, der seinen Platz in der Natur ausfüllen will, darauf bedacht sein, dieser Naturordnung bis in alle Einzelheiten zu entsprechen. Das richtige Verständnis der Tora wurde somit zur tragenden Existenzgrundlage des Judentums in Mittelalter und Neuzeit. Damit konnte das Judentum seine Selbstachtung auch in einer feindseligen Umwelt bewahren, denn die Juden leben nach der Ordnung Gottes und nicht wie die Weltvölker gemäß ihrem eigenen Verständnis. Dem Judentum ist somit geoffenbart, worum andere Völker sich – letzthin vergeblich – bemühen. Das Ziel der Anstrengungen der weltlichen Völker bleibt innerweltlich, selbst wenn der Erfolg noch so imposant ist. So gelang es, den realen Alltag, wie ihn die Weltvölker auch begehen, zur Nebensächlichkeit abzu-

werten und in der Pflege der eigenen Tradition nicht nur die
Erfüllung von Gottes Willen zu sehen, sondern auch das
Leben in dieser Tradition als den höchsten Wert der Konfor-
mität mit dem Naturgesetz zu verstehen. Dies wurde zur
wichtigsten Voraussetzung für das Durchhalten des Judentums in der Geschichte.

4. Antijudaismus in der Antike

Das Judentum war trotz aller Bemühungen, sein eigenes
Selbstverständnis mit den hermeneutischen Mitteln hellenistischer Philosophie zu definieren, nicht restlos eingliederbar in
die hellenistische und spätantike Gesellschaft. Sein Gott
JHWH galt ihm als der Einzige und Unvergleichliche, dem
das Judentum auch als eine in sich geschlossene und sich von
den anderen deutlich unterscheidende Gemeinschaft zu dienen
hatte. Die spätantike Frömmigkeit nahm nicht daran Anstoß,
Götter der verschiedensten Völker und Länder einander
gleichzusetzen. Überall sah der antike Mensch das Numinose,
in den Tempeln und in der Natur, auch verstand er vielfach
nicht, daß es ein Volk gibt, das für seinen – noch dazu un-
sichtbaren – Gott absolute Anerkennung mit Ausschließlichkeitsanspruch verlangte. Hätte Israel seinen Gott JHWH in
der Antike mit Jupiter identifiziert, wäre die Verehrung eines
Jupiter Jahvinus – wie z.B. die eines Jupiter Dolichenus – oder
eines Jupiter Hierosolymitanus eine Möglichkeit innerhalb des
Rahmens der jüdischen Religion gewesen, es wäre nie zu einem antiken Antijudaismus gekommen, aber das Judentum
wäre schon längst in der Geschichte untergegangen. So aber
wählte das Judentum den Weg der Einsamkeit und der Treue
zu seinen alten Traditionen und Verheißungen. Diesen Weg
verstand das Judentum – und es versteht ihn vielfach noch
immer – als Widerspruch gegen eine sich selbst überschätzen-
de Welt, und es verstand das Heidentum – und so verstehen es

25

viele Nichtjuden auch heute noch – als Hochmut und als Kritik an ihren eigenen Lebenswerten.

Der Jude konnte, wie übrigens auch der Christ, der den eigenen Ausschließlichkeitsanspruch aus dem Alten Testament übernommen hatte, nicht am Kaiserkult teilnehmen. Aber die jüdische Religion, die ihrem Wesen nach nicht so sehr wie das Christentum eine missionierende Religion war, galt als eine *religio licita*, d.h. als eine zugelassene Religion. Daher waren auch die Juden – von kurzfristigen Ausnahmen abgesehen – vom Kaiserkult befreit. Im Kaiserkult aber drückte sich nicht nur die Loyalität zum Kaiser, sondern auch zur Gesellschaft des Staates aus. Das Judentum stand außerhalb dieses Bereiches. Sabbat-Vorschriften und Speisegesetze hinderten die Juden, am täglichen Leben ihrer heidnischen Mitbürger teilzunehmen, mit denen auch am Sabbat keine Geschäfte abgeschlossen werden durften. Die Juden begrüßten zwar vielfach das Interesse gebildeter Heiden an ihrer Religion. Als ‚gottesfürchtige Heiden' konnten diese sogar an den synagogalen Gottesdiensten teilnehmen. Selbst aber war es den Juden streng untersagt, die Tempel der Götter zu betreten. Somit war für Konfliktstoff schon in der vorchristlichen Antike gesorgt.

Das Judentum unterschied sich gerade durch das Befolgen jener Vorschriften, die es nach innen zur Einheit machten, von seiner jeweiligen nichtjüdischen Umgebung. Am Ausgang der hellenistischen Epoche und in der Spätantike war die jüdische Diaspora bereits über fast die ganze antike Oikumene verbreitet. Schwerpunkt war natürlich das östliche Mittelmeerbecken mit seinen Grenzländern bis hin zum Persischen Golf. Nicht nur die gleichzeitig religiöse und nationale Struktur des Judentums, sondern auch die weltweite Verbreitung der jüdischen Diaspora war ein weiterer Grund für den Antagonismus zwischen Juden und Heiden in der Antike. Das, was Israel als Treue zu seinem Gott verstand, wurde zum Gegenstand beißenden Spottes bei den Heiden. So sagte z.B. Juvenal, Satire 14,96f: „Wem das Schicksal einen Sabbat-fürchtigen Vater beschieden hat, der betet nur die Wolken und Himmelgottheiten an. Er unterscheidet auch nicht das menschliche Fleisch vom Schweine, dessen sich der Vater enthielt. Auch läßt er seine Vorhaut beschneiden. Die Juden verachten die römischen Gesetze, lernen aber das jüdische Recht, dem sie dienen und das sie fürchten, das ihnen Moses in irgendeinem arkanen Buch übergeben hat."

Schon Hekataios von Abdera um 300 v. Chr. schrieb von den Juden, daß ihre Lebensweise „menschen- und fremdenfeindlich" sei, doch entschuldigte er es noch mit den bösen Erfahrungen, die die Juden selbst als Fremde in Ägypten gemacht haben. Sonst ist seine Charakteristik der Juden durchaus positiv. Aber schon im Laufe des 3. Jhs. v. Chr. bot der ägyptische Priester Manetho ein äußerst entstelltes und polemisches Bild von den Juden in Ägypten, die nicht von Gott aus Ägypten befreit, sondern von den Ägyptern als Landplage vertrieben worden seien. Dieses polemische Bild wurde in der Zukunft noch weiter vergröbert. Selbst das Schilfmeerwunder wurde in einen Untergang der Juden umgewandelt. Es ist auffällig, daß sich Tacitus im 5. Buch seiner Historien bei der Schilderung des Judentums der antijüdischen alexandrinischen Pamphletliteratur bediente und die Septuaginta und das Werk des Josephus Flavius außer acht ließ. Offenbar teilte er die antijüdischen Vorurteile seiner Zeit.

Der antike Mensch konnte nicht verstehen, daß der Gott Israels, von dem kein Standbild Zeugnis ablegt, größer und erhabener sein sollte als seine Götter aus Gold und Marmor. Der nicht in Bild und Form darstellbare Gott war ihm unbegreiflich, und daher meinte er, daß die Juden wohl guten Grund hätten, ihren Gott vor den Fremden zu verbergen. Nach dem alexandrinischen antijüdischen Polemiker aus der ersten Hälfte des 1. Jhs. n. Chr., Apion (Josephus Flavius, Contra Apionem 7, 9), wurde der Gott Israels im Tempel zu Jerusalem in Gestalt eines goldenen Eselskopfes verehrt. Obwohl die griechische Bibelübersetzung der Septuaginta jedermann zur Hand sein konnte, der sie lesen wollte, nannte doch der Dichter Juvenal an der bereits zitierten Stelle das Gesetz des Moses ein ‚arcanum volumen', ein Buch nur für die Eingeweihten. Die religiöse Moral des Judentums, die es verbot, durch Aussetzung von Neugeborenen eine Geburtenregelung vorzunehmen, wurde von Tacitus so verstanden, daß letztendlich die Juden die übrige Bevölkerung majorisieren wollten, um sie zu beherrschen (Hist 5,5). Die berüchtigten ‚Protokolle der Weisen von Zion' hätten also schon in der Antike ihre Anhänger gefunden. Selbst das Ritualmordmärchen war keine Erfindung erst des Mittelalters. Schon der obengenannte Apion (Contra Apionem 2, 7) erfand dieses Motiv: König Antiochos IV. hätte bei der Plünderung des Jerusalemer Tempels dort einen gefangengehaltenen und mit den köstlichsten Speisen gemästeten Griechen gefunden. Dieser erzählte ihm, daß er unterwegs überfallen und in diesen Tempel gebracht worden wäre. Es gäbe nämlich „ein geheimes Gesetz der Juden, dem zuliebe er ernährt werde, und sie täten das jedes Jahr zu einer bestimmten Zeit. Sie fingen nämlich einen fremden Griechen, mästeten ihn ein Jahr lang, führten ihn dann in einen gewissen Wald, schlachteten ihn, opferten seinen Leib unter althergebrachten feierlichen Zeremonien, genössen etwas von seinen Eingeweiden und schwüren bei der Opferung des Griechen einen Eid, dessen Landsleute zu hassen." Hinter all diesen Angriffen steht natürlich das Unverständnis für die Absonderung der Juden vom heidnischen Gesellschaftsleben mitsamt seiner Götterverehrung. Dieses Unverständnis schlug bald in Haß um, so daß man die Juden desselben Gefühls bezichtigte, das man gegen sie hegte.

Wenn auch die römische Verwaltung daran interessiert war, Konflikte mit den Juden immer nur als lokale Phänomene zu verstehen und sie nicht auf das ganze Reich überborden zu lassen, so hatte dennoch der Konflikt zwischen Juden und Heiden in Alexandria und Ägypten mehr als nur lokalen Charakter, war doch Alexandria mit etwa einer Million jüdischen Einwohnern die größte und bedeutendste jüdische Gemeinde bis zum Beginn des 2. Jhs. n. Chr. Ein Erlaß des Kaisers Augustus, der von Josephus Flavius, Ant 14,10,1 irrtümlich dem Caesar zugeschrieben wurde, bestätigte die Rechte der jüdischen Gemeinde von Alexandria. Demzufolge waren die

Juden den alexandrinischen Bürgern gleichgestellt. Das war aber ein ständiger Zankapfel zwischen den Juden und ihren griechischen Mitbürgern. Unter Caligula (37–41), der dem Caesarenwahn verfallen war, stellten die alexandrinischen Heiden Kaiserstatuen in den Synagogen auf. Die Entfernung derselben mußte als Verletzung der Würde des Kaisers gelten. In dieser Situation schickten die alexandrinischen Juden unter Führung des Philosophen Philo eine Abordnung nach Rom, worüber dieser in seiner ‚Legatio ad Gaium‘ berichtete. Eine Wende brachte aber der rasche Tod des Kaisers Gajus Caligula im Jahre 41 n. Chr. Sein Nachfolger Claudius (41–54) versuchte dadurch Ordnung zu schaffen, daß er einerseits die heidnischen Griechen aufforderte, die Juden nicht zu stören und zu belästigen, den Juden aber nur den Status von Fremden in der Stadt zuerkannte. Somit waren die alexandrinischen Juden endgültig um die Hoffnung ärmer geworden, als gleichwertige Partner der Griechen anerkannt zu werden.

Der Aufstand 66–70 ging auch an den ägyptischen Juden nicht ohne Wirkung vorbei. Nach einer Massenversammlung der alexandrinischen Heiden im Amphitheater kam es zu heftigen Ausschreitungen gegen die Juden, von denen Josephus Flavius, Bellum 2, 18, 7f berichtet. Trotzdem überlebte die alexandrinische Judengemeinde auch diese Welle des Judenhasses. Nach der Zerstörung Jerusalems und dem Fall Massadas 70/73 n. Chr. flüchteten einige Sikarierführer nach Alexandria, wurden aber von den dortigen Gemeindevorstehern den Römern ausgeliefert. 72 n. Chr. wurde dann auch noch der Onias-Tempel in Leontopolis geschlossen. 113 n. Chr. fuhren wieder zwei Delegationen nach Rom, eine jüdische und eine heidnische. Die Ereignisse des Aufstands von 115–117 warfen schon ihren Schatten voraus. Danach hatte das alexandrinische Judentum keine weitere Kraft mehr. Die weltweite Diasporasituation rettete aber das Judentum vor dem Untergang. Sein Selbstverständnis gab ihm die Garantie dafür, daß es trotz aller Feindschaft erhalten bleibt, wenn es nur seinem Bundesgott trotz aller Anfeindungen von außen nach innen die Treue hält.

5. Der Begriff ‚Jüdisches Mittelalter'. Jüdische Siedlungsgeschichte. Jüdische Wanderbewegungen

Am Ausgang der Antike lebte das Judentum rund um das Mittelmeerbecken, auf dem Balkan, in Italien und auf der Iberischen Halbinsel sowie in Gallien. Der Siedlungsschwerpunkt war aber nach wie vor der Nahe Osten. Auch der Süden der arabischen Halbinsel, der Jemen, hatte schon einen sowohl zahlenmäßig als auch kulturell bedeutsamen jüdischen Bevölkerungsanteil. Von Persien aus wurde auch der Süden des asiatischen Rußlands bis hin nach China von Juden besiedelt.

Die jüdische Diaspora war also schon weltweit verbreitet, als das Römische Reich christlich wurde. Obwohl dies eine grundsätzliche Verschlechterung der Lage der Juden ab dem 4. und 5. Jh. bedeutete, so hat sich doch formal nur wenig geändert. Im heidnischen Rom wie im christlichen war die jüdische Religion eine religio licita, eine staatlich zugelassene Religion. Nur kam durch die Christianisierung eine weitere Komponente hinzu. Das Christentum hatte den Erwählungsanspruch vom Judentum übernommen und diesen somit gegen das Judentum selbst gekehrt. Galten die Juden bisher als staatlich zugelassene Angehörige einer mit besonderen Rechten und Pflichten ausgestatteten Gemeinschaft, so nunmehr als solche, die nur deshalb noch existieren durften, weil sie sich irgendwann in der Zukunft einmal zum wahren Glauben des Christentums bekehren sollten. Auch kamen die restriktiven Bestimmungen gegen das Judentum noch nicht überall gleich zum Tragen.

Der Codex Theodosianus von 438 und der Erlaß ‚Über die Juden' von Justinian I. aus dem Jahre 553 waren zwei Marksteine, die das Verhältnis der Juden zur Mehrheitsbevölkerung in einem sakral verfaßten christlichen Staat bestimmen sollten. Es sollten keine neuen Synagogen gebaut werden, Juden sollten keine obrigkeitliche Stellung über Christen haben, durften daher auch keine christlichen Sklaven halten, und durften keine Mission treiben. Sie sollten also ein versteinertes Zeugnis abgeben für eine Religionsgemeinschaft, deren Zeit abgelaufen ist und deren Angehörige nur noch hoffen konnten, einmal bekehrt zu werden. Natürlich wurden etliche der restriktiven Bestimmungen nicht eingehalten. Vor allem neue Synagogen wurden allenthalben errichtet, und fallweise traten auch Christen zum Judentum über, was aber alles andere als ein Regelfall war. Kaiser Justinian mischte sich sogar in innerjüdische Probleme ein. Er wandte sich dagegen, daß die Juden in seinem Reich von Agenten beeinflußt wurden, die ihnen empfahlen, die Liturgie auf hebräisch zu feiern und die Bibel in hebräischer Sprache zu lesen. Demgegenüber empfahl er die griechische Übersetzung der Septuaginta, bei der (nach dem apokryphen Aristeasbrief) zahlreiche Wunder geschehen sind. Justinian I. wandte sich also eindeutig gegen nationalistische jüdische Strömungen, die an einer Rehebräisierung des spätantiken Judentums interessiert waren.

Diese Tendenz zur Rehebräisierung ging wohl von Babylonien und Palästina aus. In Babylonien fand das Monumentalwerk des Babylonischen Talmud seinen Abschluß, und in Palästina entstand eine bedeutsame hebräisch-liturgische Poesie. In der Mystik erhielten die hebräischen Buchstaben schöpfungsmächtige und schöpfungsträchtige Bedeutung (Sepher Jetzira). Die rabbinischen Akademien entschieden religionsgesetzliche Fragen auch für das Judentum im europäischen Westen, und so ist es keinesfalls verwunderlich, daß eine Tendenz zur Strukturangleichung des Diasporajudentums an diejenige der jüdischen Zentren im Nahen Osten festzustellen war. Gerade das aber wollte Justinian I. nicht haben, weil er hoffte, daß die gemeinsame griechische Kultur auch zum gemeinsamen christlichen Glauben führen könnte.

Wenn man eine halbwegs themengerechte Datierung des jüdischen Mittelalters geben will, so reichte es etwa vom 7.–17./18. Jh., also von der Islamisierung des Orients bis zum Anfang der Emanzipationsbewegung in Europa, die man entweder mit Baruch Spinoza oder erst mit Moses Mendelssohn beginnen lassen kann. Die Hofjuden des 18. Jhs. gehörten einerseits noch zur überkommenen mittelalterlichen Struktur des Judentums, standen aber andererseits auch schon an der Schwelle zur Neuzeit. Im jüdischen Jahr 5437, d.h. im bürgerlichen Jahr 1677, starben zwei Juden, die ihrerseits, so verschieden sie auch waren, den Übergang zur Neuzeit bedeuteten: Sabbatai Zwi und Baruch Spinoza. Für beide war die jüdische Gasse in ihrer bisherigen Struktur kulturell und strukturell zu eng geworden. Sabbatai Zwi suchte einen mystisch-politischen Ausweg für die Gesamtheit des Judentums, und Baruch Spinoza versuchte seinen Weg als einzelner. Ein Jahrhundert später fand Moses Mendelssohn eine Möglichkeit zur Integration beider Kulturen, der philosophisch-abendländischen und der jüdischen. Damit hat die jüdische Neuzeit nun auch wirklich begonnen. Etwa zur selben Zeit begannen sich liberale Judengesetze in der staatlichen Gesetzgebung durchzusetzen.

In der Zeit vom 8.–10. Jh. etwa entstanden die jüdischen Gemeinden in Mitteleuropa, in Österreich erst gegen Ende des 12. Jhs., obwohl das Land schon Jahrhunderte früher von jüdischen Kaufleuten bereist worden war, wie die Raffelstätter Zollordnung aus dem Jahre 907 beweist. Im 10. Jh. setzte in Spanien und in Deutschland eine eigene Talmudrezeption ein. In Spanien war es das Verdienst des Hofjuden Chasdai ibn Schaprut, und in Deutschland lebte um die Jahrtausendwende Gerschom ben Jehuda Me'or Haggola. Im 11. Jh. war es Rabbi Schlomo ben Jizchaq (nach den ersten Buchstaben Raschi genannt), der talmudisches Wissen von der Provence bis zum Rheinland verbreitete. Jetzt nahmen auch die Christen die Existenz des Talmud wahr. Wie schon Justinian I. gegen die Deuterosis der Juden, also offenbar gegen die Mischna, polemisiert hatte, so wandte sich seit der ersten Hälfte des 12. Jhs. die christliche Polemik gegen den Talmud. Durch die Talmudrezeption in Europa entstanden eigene Zentren mit eigenen liturgischen und anderen Besonderheiten, die trotz der vielen grundsätzlichen Gemeinsamkeiten auch örtlich bestimmte Nuancen aufweisen. Es waren die Sepharden auf der

Iberischen Halbinsel und in Südfrankreich, die Aschkenasen im restlichen Teil Frankreichs, in Deutschland und England. Daneben müssen auch die italienischen Juden als eigene Gruppe gelten, ebenso auch die Romanioten, die im Byzantinischen Reich wohnten.

Im 8. Jh. übernahmen die Chazaren, die zwischen dem Schwarzen und dem Kaspischen Meer lebten, die jüdische Religion. Im 10. Jh. wurde das Chazarenreich von den Russen erobert und christianisiert. Reste entgingen der Christianisierung und wanderten nach Norden aus. Möglicherweise waren sie der Ausgang des späteren polnischen Judentums. Ab dem 12. und 13. Jahrhundert setzte eine Ostwanderung deutsch-aschkenasischer Juden ein, da sich ihre rechtlichen und sozialen Bedingungen und ihre äußere Sicherheit extrem zu verschlechtern begannen. In Osteuropa entstand dann aus der judendeutschen Sprache in einer nicht mehr deutsch sprechenden Umgebung das Jiddische. So wurde Osteuropa von Litauen bis zur Ukraine ein jüdischer Siedlungsschwerpunkt, von dem ab dem 19. Jh. eine Rückwanderung nach Mittel- und Westeuropa, aber auch nach Amerika, einsetzte. Osteuropa wurde neben Deutschland zum eigentlichen Zentrum der Aschkenasen, nachdem um 1300 die Juden aus England und Frankreich (unter Ausschluß der päpstlichen Gebiete wie Avignon) vertrieben worden waren.

1492 erfolgte die Vertreibung aus Spanien und 1497 die Vertreibung aus Portugal. Im 15. Jh. wurden die Juden auch aus den meisten deutschen Reichsstädten vertrieben, konnten sich aber oft in ihrer unmittelbaren Nähe wieder ansiedeln. Die sephardischen Juden flohen nach Oberitalien, teilweise auch in den Kirchenstaat, die große Mehrheit aber in das Osmanische Reich, wo sie eine neue eigenständige spaniolische Kultur entwickelten, deren Ausläufer bis Wien reichte. Die aus den deutschen Reichsstädten und im 15. Jh. auch aus den österreichischen Herzogtümern vertriebenen Juden fanden teilweise in Italien eine neue Heimat. Weitere sephardische Juden, vorwiegend aus Portugal, fanden Aufnahme in den Niederlanden, besonders in Amsterdam, sowie in Hamburg/Altona/Wandsbek und in Dänemark. Die Wiederbesiedlung Englands mit Juden setzte im 17. Jh. ein.

Die mittelalterlichen Juden wohnten zunächst geschlossen in eigenen Straßen und Stadtvierteln, wie übrigens auch die zunftmäßig organisierten Handwerker. Das entsprach auch einem eigenen Bedürfnis, da man nahe der Synagoge sein wollte und eine Sabbatgrenze brauchte. Auch die gesamte Infrastruktur einer jüdischen Gemeinde gab es in der ‚jüdischen Gasse‘ mit Koscherfleischhauer, rituellem Bad etc. Die Vorsteher jüdischer Gemeinden im Rheinland führten den ehrenvollen Titel eines episcopus Judaeorum, in Wien eines magister Judaeorum. Erst nach dem Baseler Konzil im Jahre 1434 kam es zur Einrichtung von Ghettos. Die Juden sollten abgesondert von den Christen und weit weg von den Kirchen wohnen. Jetzt erhielt das gemeinsame Wohnen auch einen pejorativen Charakter. Das älteste Ghetto in Deutschland wurde 1462 in Frankfurt am Main eingerichtet. Der Terminus Ghetto kommt aus dem Italienischen, entweder von einem Stadtteil Venedigs oder von dem Schiffsanlegeplatz im Hafen von Genua, wo die aus Spanien ausgewiesenen Juden auf ihre Weiterreise nach dem Osmanischen Reich warteten.

Bereits das 4. Laterankonzil beschloß im Jahre 1215, daß sich die Juden in ihrer Kleidung von den Christen unterscheiden sollten. Für die deutschen Juden war der gehörnte Spitzhut das Zeichen für die Zugehörigkeit zum Judentum. Erst später, gegen Ende des Mittelalters, wurde es der gelbe Fleck oder der gelbe Ring, der außen an der Kleidung getragen wurde. Allerdings war der Judenhut nicht immer nur ein diskriminierendes Zeichen. In der jüdischen Buchillustration vom 13. Jh. an ist er selbstverständlich, und in der christlichen Kunst tragen ihn auch vielfach die Heiligen des Alten Bundes, der Nährvater Josef, die Apostel und – allerdings sehr selten – selbst Jesus als Auferstandener bei den Emmaus-Jüngern.

6. Die Voraussetzungen für den christlich-jüdischen Antagonismus im Mittelalter

Das antike Heidentum sah in den Juden Feinde der Götter, im frühen Christentum wurden sie – von einzelnen rühmlichen Ausnahmen abgesehen – zu Feinden Gottes. So heißt es schon in dem frühen ersten Brief des Apostels Paulus an die Thessaloniker aus dem Jahre 51 n. Chr. 2,15 von den Juden: „... die den Herrn Jesus getötet haben und die Propheten und die uns verfolgt haben, die Gott nicht gefallen und allen Menschen Feind sind". Hier handelt es sich im ersten Teil des Verses um eine judenchristliche Polemik. Der Vorwurf des prophetenmörderischen Volkes findet sich auch sonst in den Evangelien (z.B. Mt 23,29–32). Auch verstanden sich die frühchristlichen Glaubensboten als legitime Nachfolger der Propheten. Der zweite Teil ist aber entschieden heidenchristlich, er paßt gut z.B. zu einer Angabe bei Plinius, Nat. hist. 13,4,46, daß die Juden eine gens contumelia numinum insignis (ein Volk bekannt durch seine Beleidigung der Götter) seien. Zu dem, was Paulus im Winter 57/58 in den Kapiteln 9–11 des Römerbriefes schrieb, paßt nun ein derartiger, aus dem antiken Heidentum stammender Vorwurf an die Adresse der Juden wirklich nicht. Es ist daher wohl nicht von der Hand zu weisen, daß es sich hier nicht um ein echtes Pauluswort, sondern um eine heidenchristliche Glosse handelt.

Ein originäres Motiv der frühchristlichen antijüdischen Polemik war aber die Auffassung, daß mit dem Tod Jesu am Kreuz die Zeit des alttestamentlichen Heilsvolkes vorbei sei, wie die folgenden wenigen Beispiele zeigen sollen: So weist darauf die Mitteilung, daß der Tempelvorhang beim Tod Jesu in der Mitte entzweigerissen sei (Mk 15,38; Mt 27,51). Lukas 21,20f. versteht die Zerstörung Jerusalems als Gottesgericht und ebenso auch der Judenchrist Matthäus in seiner Fassung des Gleichnisses vom königlichen Hochzeitsmahl (Mt 22,1–4, bes. 7f.), und nach Johannes' Apokalypse 2,9f.;

35

3,8f. werden die jüdischen Gemeinden von Smyrna und Philadelphia als ‚Synagogen des Satans' bezeichnet. Auch hier handelt es sich zunächst um eine innerjüdische Polemik von Judenchristen gegen ihre ehemaligen Glaubensbrüder, die sie nicht mehr als ihresgleichen anerkannten. Dadurch verloren sie den Schutz der staatlich zugelassenen jüdischen Religionsgemeinschaft und gehörten nicht mehr zu einer vom Kaiserkult befreiten ‚religio licita' mit allen sich für sie daraus ergebenden Konsequenzen.

Die Katastrophe eines Jahrhunderte überdauernden Antagonismus ergab sich erst, als die Heidenchristen diese judenchristliche Polemik übernahmen und auf diese Weise zur ideologischen Grundlage ihrer schon vorhandenen antijüdischen Animosität machten. Die antijüdische Polemik wurde in den folgenden Jahrhunderten immer heftiger. Hier können nur einige zentrale, für die kommenden Jahrhunderte folgenschwere Elemente dieser Polemik gebracht werden. Das Gottesmordmotiv wurde mit dem Motiv der Schlechtigkeit der Juden schon im Barnabasbrief etwa 130 n. Chr. kombiniert. So z. B. Bar 5,11: „Also ist der Sohn Gottes dazu im Fleische erschienen, damit er das Sündenmaß vollmache für diejenigen, die bis zum Tode seine Propheten verfolgt haben." Nach Eusebius in seiner *Vita Constantini* III, 5.14.18 wurde beim Konzil von Nicäa im Jahre 325 der christliche Ostertermin vom jüdischen Pesachtermin getrennt, damit die Christen diese Festzeit nicht nach dem Brauch der sündigen Juden berechnen. In dieselbe Kerbe schlug auch Augustinus in der Civitas Dei V,18, wenn er meinte, daß die sündigen Juden mit vollem Recht den nach heidnischen Gesichtspunkten tugendhaften Römern übergeben wurden, „damit diejenigen, die, mit derartigen Tugenden ausgestattet, irdischen Ruhm erstrebten und erlangten, jene besiegten, die auf Grund ihrer großen Mängel den Spender des wahren Ruhms und des ewigen Reiches getötet und verworfen haben."

Ein weiteres – für die spätere Zeit bis hin zur Kammerknechtschaft – folgenschweres Motiv war die Deutung von Gn 25,23 „der Ältere soll dem Jüngeren dienen" seit Tertullian um etwa 200. Da Esau, der ältere Bruder, niemals dem jüngeren Bruder Jakob diente, sondern Jakob immer in Furcht vor Esau lebte, meinte man, daß dieser Satz eine Prophetie sei und sich auf das Verhältnis des alten Gottesvolkes der Juden zum neuen Gottesvolk der Christen beziehe.

Auch die Tatsache, daß die Juden zerstreut unter den anderen Völkern lebten, wurde als Strafe für ihren Unglauben gedeutet. Sie würden nicht mehr den Sinn der hl. Schriften verstehen und seien nur mehr Bewahrer der heiligen Bücher der Christen, denen sie diese wie Sklaven ihren Herren nachtragen. Die einzige Chance, die die Juden noch haben, sei ihre Bekehrung. Diese Auffassung durchzog wie ein roter Faden die mittelalterliche christliche Polemik gegen die Juden. Die Christen konnten nicht verstehen, daß ihr allegorisches Schriftverständnis von den Juden abgelehnt wurde, die sich weiterhin an den biblischen Wortsinn hielten. Z.B. war das dreimalige ‚heilig‘ in Jes 6,3 für die Christen ein eindeutiger Bezug auf die Trinität, eine Auffassung, die die Juden aus ihren exegetischen Voraussetzungen nicht teilten.

Das Judentum sah trotz der Notwendigkeit, sich im praktischen Alltag mit ihm zu arrangieren, im Römerreich das ‚frevelhafte Reich‘, das letztendlich überwunden werden wird. Die Christen verstanden es als die Voraussetzung für die Ausbreitung des Christentums. So um etwa 200 n.Chr. – also noch während der Illegalität der Christen – schreibt der schon genannte Tertullian: „Wir beten für die Kaiser, für die Inhaber kaiserlicher Ämter, für den Bestand der Welt, für den Aufschub des Weltenendes." Man kann das als eine Vorwegnahme der konstantinischen Wende lesen. Die Erwartung einer Weltenwende teilten die ersten Judenchristen mit dem übrigen Judentum. Die Grußformel Marana ta „Komm, o Herr" findet sich in 1 Kor 16,22 und noch in der judenchristlichen Gemeindeordnung, der Didache, aus dem Ende des 1. Jhs. Aber schon um die Mitte des 2. Jhs. heißt es bei Justin: „Es ist die zarte Saat des Christentums, die Gott als Grund für den Fortbestand der Natur ansieht, und darum

verzögert er den Untergang der Welt." Somit war es vor-
programmiert, daß die Christen in den Juden Menschen
sahen, die, vom Teufel verstockt, dessen Werkzeuge in der
christlichen Welt sind, ein Motiv, mit dem in Wort und Bild
durch Jahrhunderte hindurch die Christen indoktriniert
wurden. Demgegenüber aber verstanden sich die Juden gerade
unter einem oft unerträglichen äußeren Druck als Werkzeug
Gottes, das dem Gesetz vom Sinai unerschütterlich die Treue
hält.

7. Das Judentum im frühen Mittelalter
bis zur Zeit der Kreuzzüge

Die theologische Anschauung von der Entfernung der Juden
aus dem Heilsbereich Gottes ließ die Juden infolge der innigen
Verflechtung von Kirche und Staat von religiösen Außenseitern auch zu politischen und rechtlichen Außenseitern werden. Der Platz der Juden im sakral verfaßten christlichen Staat
konnte nicht dem der christlichen Bevölkerung gleich sein.
Dies wurde im schon erwähnten Codex Theodosianus 438
formalrechtlich formuliert und äußerte sich im Ausschluß der
Juden aus öffentlichen Ämtern und dem Verbot, Freie oder
Sklaven zum Abfall vom Christentum zu bewegen.

Trotzdem war das Verhalten dem Judentum gegenüber alles
eher als einheitlich. Als eine aufgewiegelte Volksmenge im
Jahre 388 in Kallinikum am Euphrat die dortige Synagoge
zerstört hatte, verlangte Kaiser Theodosius I. ihre Neuerrich-
tung auf Kosten der Christen dieser Stadt. Doch Ambrosius,
der Bischof von Mailand, verhinderte dies, indem er den Kaiser zur Rücknahme dieses Edikts zwang. Er weigerte sich
nämlich, in Gegenwart des Kaisers eine Messe zu zelebrieren,
solange dieser bei seiner Verordnung blieb. So gab der Kaiser
schließlich in der Frage der Synagoge von Kallinikum klein
bei. Andererseits waren unter den Merowingern auch Juden

Richter über Christen und hatten auch christliche Sklaven. In Spanien hatten die Juden viele Rechte unter den Westgoten, solange diese Arianer waren, doch als 589 Reccared katholisch wurde, änderte sich dies schlagartig. Im Karolingerreich hatten sie Freunde bei Hof und waren auch wirtschaftlich für das Reich von Bedeutung. Der Einfluß der Juden bewirkte wieder eine Eskalation der christlichen antijüdischen Agitation.

Die Zeit der Karolinger war auch die Epoche des königlichen Judenschutzes. Juden waren geschätzt sowohl als Ärzte als auch als Interkontinentalhändler. Im 9. Jh. besorgten Juden den Seehandel über das Mittelmeer und stellten somit die Verbindung zur großen Welt her. Die Juden waren für diese Funktion gerade deshalb geeignet, weil sie sowohl unter christlicher als auch unter muslimischer Herrschaft nicht zu den politisch Mächtigen gehörten, deren Einfluß daher weder für die christliche noch für die muslimische Welt gefährlich werden konnte. Die jüdischen Seefahrer konnten im 9 Jh. auch fast eine Monopolstellung im Mittelmeerhandel einnehmen, weil es noch keine in dieser Richtung expandierende Republik Venedig gab und auch noch keine Kreuzzüge, durch die die Küsten des Hl. Landes von Christen beherrscht wurden.

So schickte Karl der Große im Jahre 797 zwei fränkische Adelige, Lantfried und Sigismund, und als wege- und sprachkundigen Begleiter den Juden Isaak als Gesandtschaft zum Kalifen Harun ar Raschid nach Bagdad. Nur der Jude Isaak kehrte am 20. Juli 802 nach Aachen zurück. Spektakulär war der Übertritt des Hofkaplans Bodo zum Judentum. Statt eine Pilgerreise nach Rom zu machen zog er über die Pyrenäen in das muslimische Spanien, wo er zum Judentum übertrat und eine Jüdin zur Frau nahm.

Die Judenschutzbriefe aus der Kanzlei Ludwigs des Frommen befaßten sich mit dem Problem der Taufe heidnischer Sklaven. Wären sie getauft worden, hätten sie nicht im Besitz der Juden bleiben können. So bestimmte der Schutzbrief Ludwigs des Frommen, der vor 825 dem David, Joseph und

Genossen in Lyon ausgestellt wurde, sinngemäß: „Keiner unserer Gläubigen darf sich anmaßen, der Juden heidnische Sklaven ohne der Juden Zustimmung oder gegen deren Willen zu taufen." Das war nun nicht aus Freundschaft der karolingischen Hofkanzlei zu den Juden geschehen, sondern ausschließlich aus wirtschaftlichem Interesse. Wenn jüdische wandernde Händler diese mancipia peregrina nicht nach dem Frankenreich gebracht hätten, hätte dies für die Wirtschaft des Landes einen Schaden bedeutet. Dies geht mit aller Deutlichkeit aus einer Bestimmung hervor, daß diese mancipia peregrina (heidnische Sklaven) nur innerhalb des Reiches verkauft werden dürften. Sie durften also nicht bis in die islamisch beherrschten Staaten weiterexportiert werden.

Juden hatten also eine wichtige Aufgabe, weil sie vielfach das einzige mobile Element in einer sonst immobilen Gesellschaft waren. Darin lag auch ihre Bedeutung für den Handel. Noch 1084 – also 12 Jahre vor den Verfolgungen anläßlich des ersten Kreuzzugs – meinte Bischof Rüdiger von Speyer, daß er „aus dem Dorf Speyer eine Stadt mache", wenn er Juden dorthin einlade. Obwohl der jüdische Interkontinentalhandel zu dieser Zeit keineswegs mehr die Bedeutung hatte wie noch zur Zeit der Karolinger, erhoffte sich der Bischof von Speyer durch eine jüdische Gemeinde einen wirtschaftlichen Aufschwung für seine Stadt.

Die Kirche konnte sich aber nicht damit abfinden, daß ihr Missionsauftrag vor den heidnischen Sklaven der Juden Halt machen mußte, weil eine königliche Verfügung aus wirtschaftlichen Rücksichten das so haben wollte. Wortführer wurden Bischof Agobard von Lyon und sein Nachfolger Amulo. Agobard verfaßte zwischen 822 und 828 fünf Briefe zum Thema, deren Ton immer aggressiver wurde: 1. Anfrage und Bitte an die Würdenträger des Hofs über die Taufe der Sklaven der Juden. 2. An die Würdenträger des Hofs gegen den unfrommen Erlaß über die Taufe der Sklaven der Juden. 3. Über die Unverschämtheit der Juden. 4. Über den falschen Glauben der Juden. 5. Aufforderung an Nibridius, das Zusammenleben mit Juden und ihre Gesellschaft zu meiden. In seinem ersten Schreiben, das an hohe Würdenträger des Hofs, unter ihnen an den Kanzler Helisachar, gerichtet war, fragt Agobard zunächst an, wie er sich in der Frage der Taufe der heidnischen Sklaven der Juden verhalten solle. „Diese lernen unsere Sprache, hören von unserer Religion, wurden von den Feierlichkeiten des Gottesdienstes beeindruckt, ihre Seele neigt sich der christlichen Liebe zu, sie suchen Zuflucht in der Kirche und bitten um die Taufe. Entweder müssen wir ihnen diese verweigern oder gewähren." In seinem nächsten Brief wurde Agobard schon deutlicher und griff den Erlaß des Kaisers an, der die Taufe der heidnischen Sklaven im Besitze von Juden ohne deren Zustimmung untersagte. Agobard ging sogar so weit, daß er die Echtheit eines solchen Erlasses bezweifelte, weil er dem kanonischen Recht widerspreche. Tatsächlich aber stellte sich die Hofkanzlei vor den Inhalt der Schutzbriefe, was zu einer weiteren Verschärfung der antijüdischen Polemik durch Agobard führte. Im Zusammenhang mit seiner Polemik wies er darauf hin, daß hochstehende Persönlichkeiten die Juden um Gebet und Segen gebeten hätten, daß die Juden den Ruhm ihrer Vorfahren verkündeten und dem Gesetz zuwider das Recht erhalten hätten, neue Synagogen zu erbauen. Ja, es sei sogar so weit gekommen, daß Christen jüdische Rabbiner ihren eigenen Priestern vorgezogen hätten. Bei einer anderen Gelegenheit klagte Agobard darüber, daß – als Folge des engen Zusammenwohnens – manche Christen mit den Juden den Sabbat feierten, dafür aber am Sonntag arbeiteten. Daher habe er das Volk ermahnt, mit den Juden keine Mahl- und Wohngemeinschaft zu halten.

Um seinen Forderungen Nachdruck zu verleihen, nannte Agobard in seinem Schreiben ‚Über den falschen Glauben der Juden' zum ersten Mal in der christlichen Polemik Juden und Häretiker in einem Zusammenhang. Im Judentum sah er die Ursache aller Häresien, „denn die Juden lügen in allem … sie sind Feinde der Wahrheit". Unter diesem Gesichtspunkt sind die Juden sogar noch gefährlicher als die Häretiker. Agobard ging sogar so weit, daß er die Juden mit dem Antichrist verglich, „denn wer anders wird Antichrist genannt als der, der nicht an Jesus als den Christus glaubt, sondern sich selbst dafür hält. Nur darin, daß der Antichrist sich für Christus ausgibt, übertrifft er die Blasphemien der Juden ... Sie sind der Antichrist, soweit ihre Blasphemien den seinen gleichen. Wer aber will mit dem Antichrist eine Tischgesellschaft." Auch die Gleichsetzung des Judentums mit dem Antichrist findet sich in der antijüdischen Literatur bis in unser 20. Jahrhundert.

Agobard kannte – offenbar nur vom Hörensagen – gewisse jüdische Traditionen, die er in seiner Polemik aufgriff. Allerdings konnte er noch keine eigenen Quellenkenntnisse gehabt haben, da zu seiner Zeit noch keine christliche Rezeption talmudischer Texte existierte. Die auf Quellenkenntnis basierende christliche diesbezügliche Polemik setzte erst mit dem frühen 12. Jh. ein. Agobard kannte Überlieferungen aus den Toldot Jeschu, den jüdischen ‚Antievangelien', das sind Texte der jüdischen Apologetik zur Abwehr der christlichen Mission und Elemente aus der mystischen Spekulation über die unermeßliche Größe Gottes im ‚Schi'ur qoma'.

845 nach dem Tod Ludwigs des Frommen wurde eine Synode nach Meaux einberufen. Nach deren Meinung sollten die kanonischen Bestimmungen über die Juden eingehalten werden. Um dieser Tendenz Nachdruck zu verleihen, verfaßte Agobards Nachfolger Amulo im Jahre 846 ein ‚Buch gegen die Juden'. Doch Karl der Kahle resolvierte die antijüdischen Canones nicht. Es blieb in der Judenpolitik wie bisher. Das hatte nun weitere theologische Polemiken zur Folge. Die Aussagen der ‚Kirche' gipfelten in dem an die ‚Synagoge' gerichteten Satz: „Ego sum regina, quae te de regno deposui, ego sum sponsa." „Ich bin die Königin, die dich von der Königsherrschaft entfernt hat, jetzt bin ich die Braut." In der christlichen Kunst entstand aus dieser Polemik das Motiv von ‚Kirche' und ‚Synagoge' unter dem Kreuz, das im Laufe der Jahrhunderte immer polemischer wurde und im 15. Jh. im ‚Lebenden Kreuz' seinen Höhepunkt erreichte.

Trotz der Polemik blieb die Lage der Juden noch weiterhin in Deutschland konsolidiert. Das schon erwähnte Privileg des Bischofs Rüdiger von Speyer aus dem Jahre 1084 ist ein deutlicher Beleg dafür. Auch noch das 1090 von Heinrich IV. den Juden von Worms ausgestellte Privileg beweist, daß die Juden zu den gesellschaftlich gehobenen Schichten gehörten. Sie galten auch als waffenfähig. Um die Jahrtausendwende war auch die jüdische Gelehrsamkeit in Frankreich und Deutschland heimisch geworden. Gerschom ben Jehuda, das Licht der Gola, verbot für die aschkenasischen Juden, die in einer christlichen Umgebung lebten, die Polygamie. Raschi und die Tosaphisten verbreiteten vom 11.–13. Jh. eine solide talmudische Gelehrsamkeit. Doch auch das rief wiederum die christliche Polemik auf den Plan. Nach der heftigen und scharfen Polemik des Petrus Venerabilis um die Mitte des 12. Jhs. in seinem ‚Tractatus adversus Judaeorum inveteratam duritiem' ‚Traktat gegen die permanente Verstocktheit der Juden' kam es etwa hundert Jahre später (1240–1248) in Paris zur Katastrophe. Als Folge eines gegen den Talmud geführten Prozesses wurden, aus ganz Frankreich herbeigeholt, zahlreiche hebräische Handschriften verbrannt. Es waren jedenfalls so viele, daß die talmudische Gelehrsamkeit in Frankreich dadurch ein abruptes Ende nahm. Ein Zeitzeuge dieser Ereignisse war der berühmte deutsch-jüdische Gelehrte Me'ir von Rothenburg.

8. Die Kreuzzüge und die Folgen

Auf dem Konzil von Clermont-Ferrand im Jahre 1095 predigte Papst Urban II. den ersten Kreuzzug zur Befreiung des Heiligen Grabes aus den Händen der Ungläubigen. Dieser erste Kreuzzug stand noch nicht unter der Führung einer königlichen Autorität. Ein wesentlicher Anführer war Gottfried von Bouillon, der Herzog von Niederlothringen. Der Kreuzzug war weitgehend desorganisiert. Die Verpflegung mußte aus den Durchzugsgebieten beschafft werden. Dafür boten sich nun die jüdischen Gemeinden an. Der Slogan der Kreuzfahrer „Warum ziehen wir zum Heiligen Grab und lassen die Juden, die Feinde Christi, hier frei gewähren" war reichlich dazu angetan, eine pogromartige Stimmung zu erzeugen. Gottfried von Bouillon war es, der zu den antijüdischen Ausschreitungen ermuntert hatte.

Die ersten Nachrichten über antijüdische Tendenzen erreichten durch Boten aus Frankreich die jüdischen Gemeinden am Rhein. Rabbi Kolonymus aus Mainz schickte Boten an Heinrich IV., der in Italien war. Dieser beauftragte Bischöfe, Fürsten und Grafen etc., den Judenschutz zu übernehmen. Gottfried von Bouillon mußte sich daraufhin von den antijüdischen Ausschreitungen distanzieren.

Doch die Bewegung wuchs ihren Urhebern über den Kopf, und es kam zur Katastrophe. Obwohl die Verfolgungen von Rouen aus ihren Anfang genommen hatten, kam es auf französischem Boden zu keinen nennenswerten Ausschreitungen. Für die deutschen Juden kamen die Verfolgungen vollkommen überraschend. Als die Warnschreiben der französischen Gemeinden an die deutschen im Rheinland eintrafen, schenkte man ihnen zunächst keinen Glauben. Ein anonymer Chronist berichtete von der Antwort der deutschen Juden an ihre französischen Glaubensbrüder: „Alle Gemeinden haben ein Fasten angeordnet, wir tun das unsrige, Gott möge uns und euch befreien aus jeder Not und Bedrängnis, denn wir sind euretwegen in großer Furcht. Was uns selbst betrifft, brauchen wir uns nicht zu ängstigen; wir haben derartiges nicht einmal gerüchteweise vernommen. Von einer Gefahr, daß das Schwert über unserem Leben schwebe, haben wir nichts gehört."

Nur in Speyer kam es zu keinem Massenmord an den Juden – obwohl immerhin 11 Juden bei den Ausschreitungen den Tod fanden –, weil Bischof Johann effektvoll für den Judenschutz eintrat. Der schon genannte anonyme Chronist hob rühmend hervor, daß der Bischof für den Judenschutz keinerlei Bestechung angenommen hätte. Doch, wo die herrscherliche Gewalt nicht so entschieden auftrat wie in Speyer, entwickelten sich die Dinge anders. Dort wurden zahlreiche Juden erschlagen oder sie zogen den Freitod als Märtyrer leqiddusch ha-Schem „zur Heiligung Gottes" vor. Am 18. Mai 1096 erreichten die Kreuzfahrer Worms. Die Juden wurden entweder in ihren Häusern erschlagen oder zwangsgetauft. Etliche von ihnen flohen in die Pfalz des Bischofs. Als diese von den Kreuzfahrern gestürmt wurde, hatten sie auch keine andere Wahl. Die Annahme der Taufe aber wurde mit dem Götzendienst gleichgesetzt, daher zogen viele Juden den Freitod vor.

Am 27. Mai 1096 begann die Katastrophe in Mainz. Erzbischof Ruthard gewährte den Juden Zuflucht in seiner Pfalz. Dort aber wurden nach kurzer Gegenwehr die Juden von den Kreuzfahrern besiegt. Der Chronist Schlomo bar Schimschon berichtete dazu, daß der Erzbischof aus seiner Kirche fliehen mußte, weil die Kreuzfahrer auch ihn töten wollten. Auch Rabbi Kolonymus konnte mit einigen Gefährten, durch eine bischöfliche Truppe unterstützt, nach Rüdesheim flüchten. Der Erzbischof versprach Rettung, doch dann verlangte er als Bedingung dafür die Taufe. Rabbi Kolonymus und die übrigen Juden zogen den Tod vor. Ähnlich erging es den Juden von Köln im Juni 1096. Zunächst gewährten ihnen die christlichen Mitbürger Schutz und Zuflucht. Erzbischof Hermann II. brachte die Juden aus der Stadt, um sie zu schützen. Doch an den Zufluchtsstätten wurden etliche von ihnen von den Kreuzfahrern niedergemacht.

Eigenartig war das Schicksal der Juden von Regensburg. Mit ihnen wurde kurzer Prozeß gemacht. Man warf sie in die Donau, machte ein Kreuz darüber, und so wurden sie zwangsgetauft. Weil dadurch aber den kanonischen Taufbestimmungen nicht entsprochen worden war, konnten jene wieder zum Judentum zurückkehren, die diesen Taufversuch lebend überstanden hatten.

1097 nach Deutschland zurückgekehrt, gestattete Heinrich IV. allen zwangsgetauften Juden die Rückkehr zum Judentum. 1098 veranstaltete er in Mainz eine Untersuchung über das

Vermögen der ermordeten Juden. Dadurch erscheint die Rolle von Erzbischof Ruthard in einem anderen Licht, als ihn die hebräischen Quellen darstellen. Er und seine Verwandten hatten sich am Geld der erschlagenen Juden bereichert. In allen Städten nahm Heinrich IV. aufgrund des bestehenden Judenrechts den Nachlaß der getöteten Juden für sich selbst in Anspruch.

Die Rechtslage der Juden begann sich als Folge ihrer Unsicherheit und bedrohten Existenz seit dem Jahre 1096 deutlich zu verschlechtern. Wegen der besonderen Gefahren auf dem flachen Land verließen sie dieses und zogen die Nähe herrschaftlicher Residenzen und Burgen vor. Dies führte schließlich zum Verlust des Rechtsanspruches auf Landbesitz. Ferner wurden die Juden 1103 im Mainzer Reichslandfrieden, da sie sich nicht selbst erfolgreich gegen die Kreuzfahrer verteidigen konnten, zu ‚homines minus potentes' erklärt. Sie wurden mit Klerikern, Mönchen, Kaufleuten und Frauen gleichgesetzt, also mit nicht waffenfähigen Personen. Zunächst handelte es sich um eine ‚Kannbestimmung', nicht um ein absolutes Muß. Wenn sie Waffen trugen, galten sie als solche, die imstande sind, sich selbst zu verteidigen. Nur wenn sie keine Waffen trugen, konnten sie die Schutzbestimmungen für sich in Anspruch nehmen. In weiterer Folge aber führten die Bestimmungen von 1103 zum gänzlichen Verlust des Waffenrechts.

Am 1. September 1145 sandte Papst Eugen III. ein Schreiben an den König von Frankreich, das der Auftakt zum zweiten Kreuzzug war. Er begann unter Führung König Ludwigs VII. Ostern 1146 in Vezelay. Die Vorbedingungen waren wesentlich besser als beim ersten Kreuzzug. Die Juden sollten zwar zur Kasse gebeten, aber nicht ermordet oder zwangsbekehrt werden. Dafür charakteristisch ist ein Brief des Petrus Venerabilis, Abt von Cluny, an seinen königlichen Herrn, Ludwig VII. von Frankreich. Zuerst stellt darin Petrus Venerabilis die Frage, was es nütze, nur gegen die fernen Sarazenen ins Feld zu ziehen, wenn man die Juden hier mitten unter den Christen völlig ungeschoren weiterhin in ihrem Irrtum verharren und die christlichen Glaubenslehren verspotten lasse. Er

46

wandte sich zwar gegen die Ermordung der Juden, sie sollten aber wie der Brudermörder Kain ein Leben führen, das ärger als der Tod ist. In diesem Zusammenhang finden sich auch massive Angriffe gegen die wirtschaftliche Stellung der Juden innerhalb der mittelalterlichen Gesellschaft des 12. Jhs. Wenn auch das Zinsgeschäft nicht ausdrücklich erwähnt wurde, so war es wohl mitgemeint, wenn das Pfandleihgeschäft der Juden, von dem sogar Kirchendiebe profitieren konnten, Gegenstand seines Angriffs war. Die Juden hätten daher das Kreuzfahrerheer nach Kräften zu unterstützen. Die Christen sollen sich der Schätze der Juden bedienen, wie es einst die Juden bei ihrem Auszug aus Ägypten mit den Schätzen der Ägypter taten. Pathetisch beschloß Petrus Venerabilis seinen Brief an Ludwig VII.: „Sie sollen am Leben bleiben, aber ihr Geld soll ihnen genommen werden, damit durch die Hände der Christen, unterstützt durch das Geld der frevelhaften Juden, der Übermut der ungläubigen Sarazenen besiegt wird."

Jetzt waren auch die Christen mehr als beim ersten Kreuzzug vorbereitet, einen wirksameren Judenschutz zu erreichen. Der Mönch Radulf, ein Zisterzienser, der als Pogromprediger durch die Lande zog, wurde von Bernhard von Clairvaux abberufen, der sich seinerseits erfolgreich für die Juden einsetzte. Die Berichte der hebräischen Chroniken stellen ihm das beste Zeugnis aus und feiern ihn als Retter. Bernhard nahm auch zum Vorwurf des jüdischen Geldwuchers Stellung und bezeichnete in einem an die Geistlichkeit und das Volk in Ostfranken und Bayern gerichteten Schreiben die christlichen Geldverleiher als noch ärger. Doch gebrauchte er für Geldverleih auf Zinsen den Terminus ,judaizare', also einen eindeutig pejorativen Begriff. Auch sonst war man bedacht, Ausschreitungen gegen die Juden nach Möglichkeit zu verhindern. So überließ z.B. der Erzbischof von Köln den Kölner Juden die Wolkenburg, wo sich die Juden auch selbst verteidigen konnten.

Aus den Bemühungen des Bernhard von Clairvaux für die Juden läßt sich eine deutliche Verschlechterung ihrer konkreten Situation ablesen. Sie waren bereits auf das Geld- und

Pfandleihgeschäft angewiesen. So wurden z.B. die französischen Juden wirtschaftlich hart getroffen, als Papst Eugen III. in einer Bulle die Zinsen annullierte, die Kreuzfahrer jüdischen Geldverleihern für geliehenes Geld zu zahlen gehabt hätten. So wichtig auch die Geldverleiher für das Wirtschaftsleben waren, so wurden sie dennoch als Ausbeuter verstanden. Somit waren alle Voraussetzungen geschaffen, die wirtschaftliche Ausnutzung der Juden rechtlich zu fixieren und sie einer Verschwörung gegen die christliche Welt zu beschuldigen.

9. Die Kammerknechtschaft

Papst Innozenz III. erklärte in einem Schreiben an den Erzbischof von Sens und an den Bischof von Paris vom 15. Juli 1205, daß die Juden als Strafe für den Tod Christi von Gott für immer zu Sklaven bestimmt seien. Das ebenfalls von Innozenz III. 1215 einberufene 4. Laterankonzil bestimmte in Kan. 68, daß sich Juden und Sarazenen durch ihre Kleidung von der christlichen Bevölkerung zu unterscheiden hätten. In Deutschland war der gehörnte Spitzhut dieses Zeichen.

1235 wurde in Deutschland – in Fulda – zum ersten Mal die Ritualmordbeschuldigung erhoben. Beim Brand einer Mühle fanden 5 Kinder des Müllers den Tod. Die Juden von Fulda wurden beschuldigt, diesen verursacht zu haben, weil sie das Blut christlicher Kinder für magische Heilpraktiken benötigten. 34 Juden wurden daraufhin auf einem Scheiterhaufen verbrannt. Friedrich II., der Hohenstaufer, setzte eine Kommission ein, die den Fall untersuchte. Nachdem die Juden hingerichtet worden waren, wurden sie von dieser Kommission im Jahre 1236 freigesprochen. Das von Friedrich II. eingeführte Rechtssystem der Kammerknechtschaft sollte nunmehr diese Rechtsunsicherheit der Juden beenden. Wer einen Juden verletzt oder gar tötet, vergeht sich somit am steuerlichen Interesse des Kaisers. Die Bestimmung, die zunächst zum Schutz der Juden eingeführt worden war, wandte sich aber bald in ihr Gegenteil. Waren die Juden bisher aktive Teilnehmer am wirtschaftlichen Geschehen, so wurden sie nunmehr zu Objekten der Wirtschaftspolitik. Das Judenregal konnte vom Kaiser an lokale Herrscher oder Städte abgetreten werden. Die Juden waren somit nur so weit und so lange geduldet, als sie für den Inhaber des Judenregals von wirtschaftlichem Vorteil waren.

Das Privileg, das Heinrich IV. 1090 den Juden von Worms ausgestellt hatte, wurde 1236 von Friedrich II. auf alle Juden im Jurisdiktionsbereich des deutschen Kaisers ausgedehnt. An und für sich handelte es sich dabei um positiv gemeinte Bestimmungen, aber dennoch wurden die Juden somit zu einer Sonderklasse im Reich. Die wichtigsten Bestimmungen des Wormser Privilegs vom 1090 lauteten: 1. Sicherung des Landbesitzes, der beweglichen und der unbeweglichen Güter. 2. Recht auf Geldwechsel. 3. Handelsfreiheit im ganzen Reich. 4. Keine Zwangseinquartierung in jüdischen Häusern und keine Beschlagnahme von Pferden aus dem Besitz der Juden. 5. Schwören nach eigenem Recht. 6. Die Söhne und Töchter der Juden dürfen nicht zur Taufe gezwungen werden. 7. Freiwilliger Übertritt zum Christentum ist nur möglich nach einer Bedenkzeit von drei Tagen und hat den Verlust des Erbanspruches zur Folge.

Friedrich II. formulierte die Einführung der Kammerknechtschaft: „Die Knechte unserer Kammer aus ganz Deutschland" hätten sich an ihn gewandt und er erließe dieses Edikt „als persönlichen Gnadenerweis (de nostra gratia) allen Juden Deutschlands". Das Verständnis von Gn 25, 23 „Der Ältere soll dem Jüngeren dienen" durch die christliche Tradition (vgl. S. 36) bedeutete aber letzthin die Anwendung des antiken Sklavenrechts auf den Rechtszustand der Juden, der sie de facto zum wirtschaftlichen Besitz derer machte, die über das Judenregal verfügten.

Diese grundsätzliche Auffassung, daß der Besitz der Juden eigentlich demjenigen gehört, dessen Kammerknechte sie sind, trug wesentlich zur fortschreitenden Verschlechterung der Rechtslage der Juden bis zum Ende des Mittelalters bei. Der Inhaber des Judenregals konnte kraft dieser Rechtslage für von ihm Begünstigte sogenannte ‚Tötbriefe' ausstellen, d. h. Urkunden, die die Schuldverpflichtung an einen seiner jüdischen Kammerknechte herabsetzen oder ganz streichen. Die Ausstellung solcher ‚Tötbriefe' konnte sogar die Existenz ganzer jüdischer Gemeinden gefährden. Denn eine Gemeinde, die für den Inhaber des Judenregals nicht mehr lukrativ war, hatte nach allgemeiner Praxis kein Lebensrecht mehr und wurde – im besten Fall! – ausgewiesen. Charakteristisch dafür ist das Verhalten des Herzogs Albrecht V., der 1420/21 die armen Juden aus den Ländern unterhalb und oberhalb der Enns vertrieb und die mehr als 200 wohlhabenden auf der Gänseweide in Erdberg am 12. März 1421 auf einem riesigen Scheiterhaufen verbrennen ließ (Wiener Gezera). Ihren unbeweglichen Besitz veräußerte er in den folgenden Jahren. Die ausstehenden Geldschulden bei den Juden wurden von der herzoglichen Kammer eingetrieben, allerdings nur die Leihbeträge selbst. Die Zinsen wurden nachgelassen, die Pfänder zurückgegeben.

Die These von der absoluten Herrschaft der christlichen Herrscher über die Juden brachte den bekannten Franziskanertheologen Johannes Duns Scotus (1265–1308) dazu, in seinem Sentenzenkommentar zu fordern, daß die Kinder der Juden zwangsgetauft werden sollten. Um der Lehre des Römerbriefes (9, 27) zu genügen, nach dem ein Rest Israels am Ende der Tage gerettet werden wird, brauchen nicht alle Juden alle Zeiten hindurch geduldet zu werden. Es genügte, einige von ihnen auf einer Insel zu internieren und ihnen nur dort die Befolgung ihres Gesetzes zu gestatten. Dieser Auffassung trat aber Thomas von Aquin mit aller Entschiedenheit entgegen und wandte sich gegen die Forderung, die jüdischen Kinder einer Zwangstaufe gegen den Willen der Eltern zu unterziehen. Eine solche Handlungsweise würde, wie er Summa theol. II, II, 10, 12 ausführt, sowohl dem göttlichen Recht als auch dem Naturrecht widersprechen, das die Vor-

mundschaft der Eltern über die eigenen Kinder uneingeschränkt anerkennt.

Die Kammerknechtschaft hatte auch die Einführung einer
regelmäßigen Kopfsteuer für die Juden zur Folge. So bestimmte im Jahre 1342 Kaiser Ludwig der Bayer, „daß ihm jeder
Jude und jede Jüdin, die Witwe ist, und die, welche 12 Jahre
alt sind und 20 Gulden Wert haben, jeglicher und jegliche,
alle Jahre einen Gulden geben sollen zu Zins von ihrem Leibe,
welcher dann dem Reich an dessen Kosten zustatten kommen
soll und wofür er die Juden umso besser beschirmen will."
Wie es aber tatsächlich mit diesem Schutz aussah, beweisen
die Ereignisse in Frankfurt am Main im Pestjahr 1349.
Karl IV. hielt sich dort von Mitte Juni bis 10. Juli 1349 auf.
Da er wußte, daß er selbst den Judenschutz in diesem Jahr
nicht garantieren könne, schloß er mit Frankfurt einen
Vertrag, indem er für 15200 Pfund Heller der Stadt seine dort
lebenden Kammerknechte überließ. Aber auch die Stadt
konnte für deren Sicherheit nicht einstehen. Vierzehn Tage
nach der Abreise Karls IV. kamen Geißlerscharen nach
Frankfurt und stürmten den jüdischen Stadtteil. An diesem
24. Juli 1349 wurde das Judenviertel von Frankfurt zerstört.
Soweit die Juden nicht durch die aufgebrachten Scharen getötet wurden, wählten sie den Freitod ‚zur Heiligung Gottes‘,
indem sie sich selbst verbrannten. 1360 kam es dann wieder
zu einer Neubesiedlung Frankfurts mit einer jüdischen Gemeinde, die im Laufe der folgenden Jahrhunderte zur bedeu-
tendsten in Deutschland wurde.

Weniger blutig ging es z.B. bei der Vertreibung der Juden
aus der Steiermark im Jahre 1496 zu. Die Landstände sahen
in den Juden solche, die durch die Summen, die sie für den
Landesherrn aufbrachten, ihren eigenen politischen Aufstieg
hemmten. Maximilian I., der eine Alpenfestung Europa gegen
die muslimischen Osmanen aufbauen wollte, war daher 1495
bereit, gegen eine Zahlung von 38000 Gulden der Auswei-
sung der Juden aus der Steiermark zuzustimmen. Die jüdischen Liegenschaften seiner Kammerknechte zog er an sich.
Andererseits war er bemüht, die von ihm vertriebenen Juden

in seinen westungarischen und niederösterreichischen Gemeinden wieder anzusiedeln, weil er auch auf die Judensteuern nicht verzichten wollte.

10. Die mittelalterlichen Beschuldigungen
gegen die Juden

Blutbeschuldigung bzw. Ritualmordbeschuldigung und Hostienfrevelbeschuldigung haben ein und denselben ‚Sitz im Leben‘. Den verteufelten Juden traute man alles Teuflische zu.
Da man selbst felsenfest davon überzeugt war, die Bibel des
Alten Testaments richtig zu verstehen, indem man sie christo-
logisch deutete, hielt man die diesbezügliche exegetische andere Meinung der Juden für Verstocktheit, die sie für die
christliche Wahrheit blind gemacht hätte, und somit schlechthin für ein Werk des Teufels. Daher kann auch nur der Teufel
am Unglauben der Juden Interesse haben, ein Motiv, das in
der christlichen antijüdischen Polemik im Mittelalter immer
wieder auftaucht. Wenn die Juden trotz der Argumentation
und der Macht der Christen, verglichen mit der Ohnmacht
der Juden, nach wie vor auf ihrem ‚Unglauben‘ beharren,
dann stellen sie sich nicht nur selbst positiv zum ‚Gottesmord‘
auf Golgatha, sondern sind in ihrem Inneren bestrebt, diesen
nach Möglichkeit zu wiederholen. Dafür boten sich nun nach
der Meinung der Christen christliche Kinder und konsekrierte
Hostien an. Blutbeschuldigungen und Hostienfrevelbeschuldi-
gungen wollten also aussagen, daß an einem getauften Kind
und an einer konsekrierten Hostie der ‚Gottesmord‘ wieder-
holt werden sollte. In den reformierten Gebieten hörte nach
der Reformation die Hostienfrevelbeschuldigung auf, da der
evangelische Eucharistiebegriff keine vorkonsekrierte Hostie
kennt, nicht aber die Ritualmordbeschuldigung. Der dritte
Vorwurf war dann noch der der Brunnenvergiftung, der Mitte
des 14. Jhs. zu den schwersten Judenverfolgungen führte. Sein

52

‚Sitz im Leben' war die Mystifikation des Judentums zu einer alle anderen Völker bedrohenden Weltmacht, die eine Macht, die sie derzeit dank der restriktiven Judengesetze nicht hat, für die nähere oder fernere Zukunft anstrebt – tatsächlich eine feindselige Pervertierung der jüdischen Messiaserwartung!

Mit den mittelalterlichen Beschuldigungen in engem Zusammenhang steht auch das Motiv der ‚Judensau'. Die Sau als unreines Tier wurde mit der Sünde identifiziert; so galt sie als teuflisches Symbol, an deren Zitzen Juden saugen und somit zu Dienern des Teufels werden. Dieses seit dem 13. Jh. belegte Motiv überdauerte das Mittelalter noch weit in die Neuzeit hinein. Letztlich war noch der biologische Antisemitismus des Nationalsozialismus von diesem Motiv nicht unberührt. In der letzten Konsequenz bedeutete es, daß der Teufel der Gott der Juden sei.

Der älteste Beleg für eine Ritualmordbeschuldigung stammt aus England etwa aus der Mitte des 12. Jhs. Der zwölfjährige Knabe Wilhelm von Norwich sei von Juden in eine Falle gelockt und zur Wiederholung der Tötung Christi ermordet worden. Aus England ist aus dem Jahre 1255 auch der Fall des Hugo von Lincoln belegt. Noch mit durchschnittenem Hals soll er das Lob der Gottesmutter gesungen haben. Die angeblich schuldigen Juden wurden von wilden Pferden zu Tode geschleift und dann gehängt. Der erste Fall in Deutschland, 1235 in Fulda, wurde schon erwähnt (S. 48). 34 Juden wurden, wie eine kaiserliche Kommission entschied, unschuldig hingerichtet. Von nun an nahmen die Ritualmordbeschuldigungen wie ein Lauffeuer zu, obwohl die Päpste des 13. Jhs. in mehreren Bullen vehement dagegen Stellung nahmen. Vielfach wurde die Ritualmordbeschuldigung mit dem jüdischen Pesach (Oster)Fest in Verbindung gebracht und die unsinnige Behauptung aufgestellt, daß die Juden Christenblut für ihre ungesäuerten Osterbrote (Mazzot) benötigten.

Am Beispiel des Werner von Oberwesel, der im Jahre 1287 Opfer eines Ritualmords geworden sein soll, kann gut gezeigt werden, wie derartige Legenden entstanden und verbreitet wurden. Ein Beispiel bietet die vielfach variierte Werner-Legende, deren einfachste Form die Gesta Treverorum enthalten: Werner trug in der Stadt Oberwesel einen Korb aus dem Keller eines Judenhauses nach oben. Er wurde dabei überfallen und getötet. Sein ausgebluteter Leichnam wurde weit vom Ort entfernt in einem dornigen Gebüsch versteckt und dann von einem Bauern entdeckt. Es entstand das Gerücht, daß Juden den Werner getötet hätten. Eine christliche Magd, die bei Juden diente, erklärte, sie hätte dies durch Ritze in der Mauer beobachtet. Daraufhin fand ein Pogrom statt, bei dem viele Juden hingemetzelt wurden. Die Leiche Werners wurde nach Bacharach überführt und über seinem Grabe eine Kapelle errichtet. Die Werner-Kapelle wurde das Ziel von Wallfahrern. Nach dem 2. Vatikanischen Konzil hob die Diözese Trier den Werner-Kult auf.

Besonders ausführlich sind wir durch Akten über die Blutbeschuldigung gegen die Juden Trients, 1475, unterrichtet. Am Gründonnerstag, 23. März 1475, verschwand in Trient der Sohn des Gerbers Andreas, namens Simon, ein Kind im Alter von 2 Jahren und 4 Monaten. In der Nacht vom Ostersonntag zum Ostermontag entdeckten Trienter Juden in einem Graben, der an einem jüdischen Haus vorbeilief, die Leiche des Knaben. Sofort wurde in der Stadt der Verdacht laut, die Juden hätten das Kind getötet, um mit seinem Blut Unfug zu treiben. Auch die Richter beim folgenden Prozeß gegen die Juden waren der Überzeugung, daß diese damit den Kreuzestod Jesus wiederholen und eine Art Gegenkult zum christlichen Osterfest begehen wollten. Mit Hilfe der Folter erzielten die Richter auch die von ihnen erwarteten Geständnisse. 14 Trienter Juden wurden zum Tode verurteilt und hingerichtet. Da man nunmehr der Meinung war, die Ritualmordbeschuldigung grundsätzlich nachgewiesen zu haben, bemächtigte sich sofort die Propaganda dieses Ereignisses. Noch im selben Jahr, 1475, erschien von Johannes Mathias Tiberinus die ‚Historie von Simon‘, deren 12 Holzschnitte die Ereignisse anschaulich darstellen. Aufgrund einer neuerlichen Überprüfung der Prozeßakten durch den Kölner Dominikaner Willehad

Paul Eckert hob die Ritenkongregation in Rom immerhin am 28. Oktober 1965 die Verehrung des ‚Beatus Simoninus' auf.

Das mag an Beispielen für Ritualmordbeschuldigungen genügen. Die jüdische Antwort erfolgte in der Buch-Illustration. Beispiele dafür finden sich seit dem 15. Jh. Nach einer rabbinischen Legende gehörte zu den Qualen der Israeliten während der Knechtschaft in Ägypten, daß die Weisen des Pharao diesem geraten hätten, er müsse am Abend und am Morgen im Blut von je 150 jüdischen Kindern baden, um vom Aussatz rein zu werden. Natürlich half ihm auch dies nach der Legende nicht. Da der Pharao Repräsentant für die Israel bedrükkenden Machthaber war, dürfte dieses in der Buchkunst mehrfach belegte Motiv eine Antwort auf die christlichen Blutbeschuldigungen gewesen sein. Nicht wir, sondern die anderen betreiben Blutzauber als Folge von Blutaberglauben.

Die Hostienfrevelbeschuldigung war wie die Blutbeschuldigung seit dem 13. Jh. weithin verbreitet. Es ist nicht ganz klar, wie dieser Vorwurf entstanden ist. Möglicherweise steht dahinter die Darstellung von Kirche und Synagoge unter dem Kreuz. Seit der ersten Hälfte des 13. Jhs. gibt es das Motiv der Synagoge unter dem Kreuz, welche das Gotteslamm, das anstelle des corpus Christi am Kreuz am Schnittpunkt der beiden Balken angebracht ist, durchbohrt. Eine andere Möglichkeit ist, daß sich dann und wann nicht ganz sachgemäß aufbewahrte Hostien unter dem Einfluß von Feuchtigkeit verfärbten. Des weiteren wäre denkbar, daß durch Eucharistie-Wunder der christliche Glaube gefestigt werden sollte. Durch absichtlich gefälschte Hostien, deren Schändung man leicht Juden anlasten konnte, die daraufhin ermordet oder vertrieben wurden, konnten Geistliche auch Pilger an ihre Kirchen ziehen und dadurch nicht unbeträchtliche Einnahmen erzielen. Ein solcher Fall ereignete sich u.a. im Jahre 1298 in Klosterneuburg bei Wien. Zuweilen aber dienten derartige Legenden auch zur nachträglichen Erklärung einer Judenverfolgung, wie z.B. im bayerischen Deggendorf.

1298 ging eine Verfolgungswelle, motiviert durch eine Hostienschändungsbeschuldigung, unter der Führung eines niederen Adeligen namens Rintfleisch aus Röttingen im Taubertal aus und erfaßte den gesamten südwestdeutschen Raum. Allein in den Diözesen Würzburg und Bamberg waren mindestens 130 Orte davon betroffen. Sehr eindrucksvoll schildert das der Schreiber einer hebräischen Bibelhandschrift, der Punktation und Masora hinzugefügt hatte: „Ich begann mit der Masora und mit der Punktation in dem Jahre, da unsere Hand schwach wurde und unsere Kraft nachließ, am Tage des Zornes des Herrn (i.e. 1298). Die heiligen Gemeinden wurden zerstört und meine Freunde, das heilige Volk, wurden ermordet. (Insgesamt wurden) 146 Gemeinden (zerstört). Auf Raub waren sie aus und ließen nichts übrig. Mir unglücklichem Abersüß wurden meine Frau und meine beiden Kinder ermordet.“

Eine weitere Verfolgungswelle ging 1338 ebenfalls wieder von Röttingen im Taubertal aus. Die Vorgeschichte begann am 28. Juli 1336 mit dem Aufstand eines verarmten Adeligen, worauf sein Name ‚Armleder' hinweist. Er konnte sich also keine metallene Rüstung leisten und mußte sich mit einem Lederschutz auf seinem Arm begnügen. Er war ein junger Ritter namens Arnold aus dem edelfreien Geschlecht der Uissigheim, der 1333 für 10 Jahre aus seiner Heimat verbannt worden war. Sein Aufstand im Jahre 1336 hatte weithin auch soziale Gründe, da sein ‚Heer' vorwiegend aus Bauern bestand. Dieses wurde noch im selben Jahr von einem Würzburger Aufgebot geschlagen, Armleder selbst von einem bischöflichen Gericht zum Tode verurteilt und exekutiert. Dieses Urteil sollen die Juden durch Bestechungsgelder erreicht haben. Eine Welle von Beschuldigungen der Hostienschändung erreichte daraufhin Hessen, den Mittelrhein und das Gebiet an der Mosel, 1338 erreichte sie Österreich.

Die ‚Deggendorfer Gnad' im bayerischen Deggendorf wird ebenfalls mit einem Hostienfrevel und Hostienwunder im Jahre 1338 in Verbindung gebracht. Hier aber handelt es sich um eine nachträgliche Konstruktion zur Motivation einer Judenverfolgung, denn erst in einer 1390 verfaßten Chronik wird die Verbrennung der Juden mit der angeblichen Auffindung einer von ihnen gemarterten Hostie begründet. Der tatsächliche Grund war wohl wesentlich banaler: Es ging um die Beseitigung von Schuldbriefen.

Das Motiv der Brunnenvergiftung tauchte im Zusammenhang mit dem Schwarzen Tod, der großen Pestepidemie von 1348/49, auf. Durch die Beschuldigung, daß die Juden die Brunnen vergiftet hätten, wurde das Massensterben an der Pest erklärt. Dieses Motiv macht mehr noch als die beiden anderen deutlich, wozu die Verteufelung des Judentums durch die christliche Mehrheitsbevölkerung führen konnte. So wie sie Jesus ermordet hätten und diesen Mord angeblich an christlichen Kindern und an konsekrierten Hostien wiederholen wollten, hätten sie es auch auf die Gesamtheit des christlichen Abendlandes abgesehen, das sie durch die Pest vernichten wollten.

Vom Schwarzen Tod wurde zunächst Frankreich betroffen. Von dort breitete sich die Seuche über die Westschweiz in das Rheinland aus. Der Verdacht der Brunnenvergiftung kam daher zuerst in Frankreich auf. Beamte in Savoyen und der französischen Schweiz waren überzeugt von der Schuld der Juden an der Seuche, und die Geständnisse, die sie von den Juden erpreßten, teilten sie weit hinaus über die Schweiz allen mit, die mit der Sache befaßt waren. In Basel kamen 1348 die Gerüchte über die Brunnenvergiftung auf. Der Rat der Stadt stimmte unter dem Druck der Zünfte einer Hinrichtung der Basler Juden zu. Diese wurden im Januar 1349 auf einem hölzernen Gerüst, das auf einer Sandbank im Rhein errichtet worden war, verbrannt. In Freiburg im Breisgau wurden ebenfalls alle dort ansässigen Juden verbrannt, wie aus einem Gerichtsprotokoll vom 30. Januar 1349 hervorgeht. In Straßburg war der patrizische Rat zunächst von der Unschuld der Juden überzeugt. Doch wurde er gestürzt, und so kam es auch in Straßburg zur Katastrophe. Auf einem Holzgerüst auf ihrem Friedhof wurden die Juden verbrannt.

Die drei mittelalterlichen Beschuldigungen und das Motiv der ‚Judensau' waren eine wichtige Voraussetzung für die Zukunft, ein vorurteilsfreies Verständnis des Judentums und seiner Religion nicht aufkommen zu lassen. So wurde – um nur ein einziges Beispiel zu nennen – 1678 in Frankfurt am Main ein koloriertes Flugblatt verbreitet, das eine Kombination des Simon von Trient mit dem Judensaumotiv darstellt. Auf diesem Flugblatt trägt der Teufel mit Hörnern und karikiert ‚jüdischer Physiognomie' den gleichen gelben Judenfleck wie die Juden selbst. Wenn man bedenkt, daß diese Darstellung sich auch auf dem ehemaligen Brückenturm in Frankfurt am Main befand, kann man feststellen, daß die Verteufelung des Judentums bis zur Perfektion getrieben worden war.

11. Die soziale Stellung des Judentums im Mittelalter. Zinsgeschäft, Pfandleihe, Politik

Die aus dem Mittelmeerhandel – der zur Zeit der Karolinger florierte – vertriebenen Juden wandten sich in zunehmendem Maß dem Binnenhandel und dem Pfandleihgeschäft zu, indem sie es aufgrund der Auffassung, daß Zinsgeschäfte unter Christen unmoralisch seien, an vielen Orten zu einer Monopolstellung brachten. Da die Juden überhaupt nur wegen des finanziellen Nutzens, den sie für ihren Schutzherrn bedeuteten, zugelassen waren, übten sie auf indirekte Weise auch Einfluß auf die Politik der Zeit aus, was für sie sowohl positive als auch negative Folgen hatte. Dafür nur zwei Beispiele. 1194 lud der Babenberger Herzog Leopold V. einen jüdischen Münzmeister und Finanzfachmann nach Wien ein, der in den Quellen Schlom genannt wird. Dieser hatte das Lösegeld zu verwalten, das für die Freilassung des englischen Königs Richard Löwenherz bezahlt wurde. Im Jahre 1225 war es der aus Ungarn stammende jüdische Kammergraf Teka, der für 2000 Mark Silber anläßlich des Friedensvertrages zwischen König Andreas II. von Ungarn und Herzog Leopold VI. von Österreich bürgte.

Jüdische Geldverleiher beeinflußten auch direkt die Politik, wenn sie Geldmittel zur Verfügung stellten, mit denen Gebietserweiterungen vorgenommen werden konnten. Ein Beispiel dafür aus dem Jahre 1297: Erzbischof Konrad IV. von Salzburg hatte die Möglichkeit, von den bayerischen Herzögen die Herrschaft Gastein zu kaufen. Das nötige Geld dafür stellten zwei Regensburger jüdische Geldverleiher zur Verfügung, Atschim und Jakob, denen es der Erzbischof schon nach kurzer Zeit zurückzuzahlen in der Lage war. Diese Urkunde im Wiener Haus-, Hof-, und Staatsarchiv ist auch deshalb von Interesse, da sie ein jüdisches Siegel trägt. Es zeigt einen Judenhut, auf dem ein Adler sitzt, Mond, Sterne und eine hebräische Umschrift, die übersetzt lautet: „Siegel des Peter bar Mosche ha-Levi, seine Seele ruhe in Frieden". Das Siegelrecht war Ausdruck dafür, daß der Siegelinhaber eine gehobene Stellung in Regensburg eingenommen hatte. Der hier genannte Peter war Gemeindevorsteher der Regensburger Juden und offenbar der Vater des Gad ben Peter Halevi, der den aufwendig illustrierten Regensburger Pentateuch bestellt hatte, eine der frühesten hebräischen illustrierten Handschriften überhaupt. Diese Urkunde und viele andere auch lassen erkennen, daß Juden mit den Spitzen der christlichen Gesellschaft in engem wirtschaftlichen Kontakt lebten, hier im konkreten Fall mit dem Erzbischof von Salzburg. In diesem Zusammenhang ist auch eine Bemerkung in Leqet Joscher II,14 von Interesse, wo es heißt, daß „es erlaubt ist, den Priestern Ehre zu erweisen, selbst dann, wenn sie Kreuze an ihren Gewändern tragen". Doch bestimmte Rabbi Israel Isserlein aus Wiener Neustadt (1390–1460), daß man Christen nicht Geschenke unmittelbar am Weihnachtstag übergeben sollte, sondern eher einen Tag davor oder einen Tag danach.

Alle derartigen Texte sind Belege dafür, daß trotz der rechtlichen Zurücksetzung die wohlhabenden jüdischen Bürger mit den führenden christlichen Schichten in gutem Einvernehmen waren. Immerhin war es auch ein Stück aktiver Teilnahme an der Politik, wenn jüdische Geldverleiher die notwendigen Mittel rasch zur Verfügung stellten, die christliche Herren zum Ausbau und Aufbau ihrer Herrschaft dringend benötigten. Daß aber trotzdem eine grundsätzliche Unsicherheit bestand, geht aus anderen rabbinischen Entscheidungen hervor. Feuerlöschen am Sabbat ist zwar grundsätzlich verboten, es ist aber erlaubt, wenn Lebensgefahr besteht, denn „jede Lebensgefahr verdrängt den Sabbat" (Joma VIII, 6). Eine solche Lebensgefahr besteht, wenn eine Feuersbrunst zu einem Pogrom führen kann. Nach Leqet Joscher I, 62 betrifft die Erlaubnis, am Sabbat Feuer zu löschen, insbesonders die Häuser von Nichtjuden, „denn, Gott behüte, erschlagen sie die Juden, wenn sie nicht wie sie selbst löschen".

Das Einvernehmen mit den christlichen Herren wurde natürlich auch durch die christliche Mission gestört. Hier können nicht die vielen theologischen Auseinandersetzungen behandelt werden, die die Kontroversliteratur zwischen Juden und Christen bestimmten, in denen das Thema des Geldverleihs auf Zinsen einen breiten Raum einnahm, auch nicht die Glaubensgespräche und Talmudverbrennungen, die antijüdische Propaganda in der christlichen Bildkunst und die jüdische Antwort darauf in der eigenen Buchillustration; es möge ein kurzer Text aus Leqet Joscher II, 50 genügen: „Ich erinnere mich, daß einmal ein Priester in seine Stadt kam und zu den Nichtjuden predigte. In seiner Predigt sagte er, daß er Wunder wirken wolle. Diese Worte kamen dem Gaon Rabbi Isserlein zu Gehör. Der Gaon sagte: Wenn der Priester ohne Trug und List durch Feuer geht, dann sei er bereit, ihm nachzufolgen … Aber aus der Sache wurde nichts, denn der Priester ging seines Weges."

Die einflußreiche wirtschaftliche Position der Juden konnte sich aber auch gegen sie selbst richten. So wurden am 12. März 1421 mehr als 200 von ihnen in Wien auf einem Scheiterhaufen verbrannt. Die formale Begründung hierfür war ein angeblicher Hostienfrevel in Enns; aus den hebräischen Quellen aber geht hervor, daß man sie auch der Zusammenarbeit mit den Hussiten verdächtigte. In Wirklichkeit konnte sich Albrecht V. nicht mit einer Vertreibung der Juden begnügen, wie er es mit den wirtschaftlich bedeutungslosen Juden getan hat, sondern er wollte sie physisch ausschalten, denn als Vertriebene wären sie von seinen Gegnern mit offenen Armen aufgenommen worden und hätten diese gegen die politischen und militärischen Interessen Albrechts V. wirtschaftlich unterstützt.

Das jüdische Zinsgeschäft fand in christlichen und jüdischen Quellen seit der Mitte des 12. Jhs. Erwähnung und bot durch die Entstehung eines christlichen Handelsstandes immer mehr die wirtschaftliche Grundlage einer jüdischen Gemeinde. Das Zinsgeschäft war sowohl für die christliche Gesellschaft, die zunächst hauptsächlich kurze Investitionskredite aufnahm, von Bedeutung als auch für das Judentum, da durch die so gewonnenen Einnahmen die rabbinischen Akademien finanziert werden konnten. Diese Überlegungen waren für die rabbinischen Autoritäten Grund genug, die skeptische Haltung der talmudischen Gelehrten zum Zinsgeschäft gegenüber den Vorteilen für das Torastudium zu überwinden.

Der Zinssatz, den die jüdischen Geldverleiher fordern konnten, war in den Schutzbriefen festgelegt, die die Regierenden den in ihrem Bereich lebenden Juden ausgestellt hatten. Der verhältnismäßig hohe Zinssatz läßt sich einerseits aus dem Risiko erklären, das die Geldverleiher eingingen, und andererseits aus den hohen Abgaben, die sie an die Kasse der Regierenden abzuführen hatten. In dem Judenschutzbrief Friedrichs II. des Streitbaren für die Juden Österreichs aus dem Jahre 1244 wurde der jährliche Zinssatz auf 173,33% festgelegt. Allerdings war dieser Prozentsatz besonders hoch. 33% aber galten als durchaus üblich.

Um weittragenden Beschuldigungen von allem Anfang an entgegenwirken zu können, bestimmten rabbinische Synoden, daß kein für einen fremden Gottesdienst bestimmtes Gut als Pfand angenommen werden dürfe. Ebenso durften keine Kleidungsstücke als Pfänder angenommen werden, die blutverschmiert waren, weil diese Diebesgut nach einer Mordtat sein könnten. Natürlich mußte der jüdische Geldverleiher, der in gutem Glauben ein Pfand annahm, auch geschützt sein gegenüber jemand, der angab, daß ihm das gegenständliche Pfand gestohlen worden war. So heißt es in Kap 6 des Friedericianums für die Juden Österreichs aus dem Jahre 1244: „Wenn ein Christ einen Juden belangt mit der Behauptung, daß ihm das Pfand, welches der Jude innehat, durch Diebstahl oder Gewalt entzogen worden sei, soll der Jude auf dieses Pfand schwören, er habe nicht gewußt, daß das, was er übernommen habe, durch Diebstahl oder Raub entzogen sei, und in diesem Eid soll auch die Summe aufgenommen werden, um welche ihm die Sache verpfändet worden. Ist auf diese Art der Beweis geschehen, so soll ihm der Christ sowohl das Kapital als auch die in der Zwischenzeit angewachsenen Zinsen bezahlen." Nicht zu den verbotenen christlichen Kultgeräten gehörten illuminierte Prachthandschriften, die zum Standardbesitz vieler Klöster gehörten. So gab am 22. Mai 1263 Farkas, Jude von Eisenburg, ein Darlehen von 70 Mark auf die sogenannte ‚Admonter Riesenbibel'.

Trotz der großen Bedeutung hatte aufs Ganze gesehen das jüdische Geldgeschäft negative Auswirkungen auf das Verhältnis der christlichen Schuldner zu ihren jüdischen Gläubigern. Nicht immer war der christliche Leiher imstande, ein dem jüdischen Verleiher ausgehändigtes Pfand wieder einzulösen, was eine weitere wirtschaftliche Schwächung der eigenen Position bedeutete. Die Gleichsetzung von Geldgeschäft mit Wucher fiel all jenen nur allzu leicht, die ihre Schulden loswerden wollten. Nach dem jüdischen Apologeten Joseph Hammeqanne I, 16 wurde die diesbezügliche christliche Polemik auch auf den biblischen Patriarchen Jakob ausgedehnt (unter Berufung auf Gn 25, 31–34). Dieser erwarb für ein Linsengericht die Erstgeburt von seinem Bruder Esau. Rabbi Joseph Bekhor Schor antwortete darauf, daß Jakob dem Esau die Erstgeburt zu damals üblichen Bedingungen abgekauft hätte. Denn in Gn 25, 34 heißt es nicht: „Und er verkaufte dem Jakob seine Erstgeburt für Brot und ein Linsengericht", sondern es heißt: „Und Jakob gab dem Esau Brot und ein Linsengericht." Also können Brot und Linsengericht nicht der Kaufpreis, sondern nur eine handelsübliche Draufgabe gewesen sein.

Das 15. Jh. war das Jahrhundert der großen Vertreibungen: aus den meisten deutschen Reichsstädten vom Ende des 14. bis zum Anfang des 16. Jhs., aus den österreichischen Ländern 1420/21, 1496, 1498 und nicht zuletzt aus Spanien und Portugal 1492/1497.

Viele der Ausgewiesenen in Deutschland fanden in unmittelbarer Umgebung eine neue Aufnahme bei bisherigen ähnlichen Lebensbedingungen. Andere zogen nach Italien und blieben auch dort mit dem Geldgeschäft verbunden. Das heißt: die Juden waren mit Geldgeschäften und Handel nach wie vor in Verbindung. Nur solche Juden galten, die vermögend waren. Die große Schar der Armen konnte gar nicht mitberücksichtigt werden. Die Verbindung mit dem Geld fand auch in der christlichen Ikonographie ihren Ausdruck, indem man den Geldsack zu einem Erkennungszeichen für einen Juden machte. Auch der Geldbeutel des Judas leistete dafür vortreffliche Dienste. Am Ende des Mittelalters hatten die Juden die Konsequenzen zu spüren aus einer Rechtssituation, die sie nur aus fiskalischen Überlegungen duldete. Auch in der Neuzeit änderte sich daran nur wenig. Die Stereotypisierung des Judentums als eine der christlichen gegenüber feindliche Gruppe, deren wichtigste Waffe das Geld sei, führte zu weiteren Verteufelungen bis hin zu den Verbrechen des Nationalsozialismus.

12. Das Judentum auf der Iberischen Halbinsel

Schon in römischer Zeit lebten Juden auf der Iberischen Halbinsel. Das älteste Dokument ist eine dreisprachige Inschrift auf einem Sarkophag, allerdings ohne Datierungshinweis. Die Motive Pfau, Lebensbaum und Menora erinnern an spätantike Parallelen auch anderswo. Der hebräische Text der Inschrift lautet: „Friede über Israel und über uns und unsere Kinder." Juden, die wahrscheinlich schon im 1. Jh. n. Ch. auf der Iberischen Halbinsel siedelten, waren zunächst vorwiegend in der Landwirtschaft tätig, wie aus einer der antijüdischen Bestimmungen der Synode von Elvira im Jahre 306 hervorgeht. Kanon 16 verbietet die Verheiratung christlicher Mädchen mit Ketzern und Juden; in Kanon 49 heißt es: „Grundbesitzer müssen ermahnt werden, ihre Feldfrüchte ... nicht von Juden segnen zu lassen"; Kanon 50 untersagt Mahlgemeinschaften mit Juden; und Kanon 78 bestimmt: „Wenn ein verheirateter Gläubiger sich mit einer Jüdin oder einer verheirateten Frau eingelassen hat, soll er exkommuniziert werden."

Solange die Westgoten noch Arianer waren, war auch die Lage der Juden nicht gefährdet. Das änderte sich aber, als im Jahre 586 Reccared den katholischen Glauben annahm. Die Härte der westgotischen Herrscher gegenüber den Juden sollte ihre Treue zur katholischen Kirche unter Beweis stellen. Sisebut (612–621) wollte sogar eine zwangsweise Konversion der Juden durchsetzen. 613 wurden sie vor die Alternative gestellt, entweder das Land zu verlassen oder die Taufe anzunehmen. Mit Erlaubnis des Swintila (621–631), seines Nachfolgers, durften sie aber wieder zum angestammten Glauben zurückkehren. Dann bestätigte das 4. Konzil von Toledo 633, daß Juden nicht zwangsgetauft werden dürften, aber das 6. Konzil von Toledo 638 verordnete wieder de facto das Gegenteil, indem es beschloß, daß nur Katholiken ein Wohnrecht in Spanien haben dürfen. Juden blieb zunächst nur die Möglichkeit zur Auswanderung oder zu einem Untergrundjudentum wie später in Spanien die Marranen. Als Auswanderungsländer kamen sowohl Nordafrika als auch Südfrankreich in Frage, da die Franken, die immer schon katholisch waren, ihre Kirchentreue nicht durch radikale antijüdische Bestimmungen unter Beweis stellen mußten. In der 2. Hälfte des 7. Jhs. wurden die antijüdischen Maßnahmen weiterhin intensiviert. Rekkeswinth (649–672) untersagte die Beschneidung sowie die Beachtung des Sabbats und der jüdischen Feiertage. Das Judentum sollte auf der Iberischen Halbinsel ausgelöscht werden. Eine Wende trat erst ein, nachdem Tariq ben Ziyad die Straße von Gibraltar im Jahre 711 überquert hatte.

Die islamische Epoche von 711 bis zu den Almohaden (1146) wird als die ‚Goldene Epoche' des Judentums im muslimischen Spanien bezeichnet. Im ummajadischen Königreich, das von Abd al Rahman I. im Jahre 755 gegründet wurde, entwickelte sich ein bedeutendes jüdisches Zentrum mit großer Ausstrahlung. Juden boten sich den Eroberern als landeskundige Verwaltungsbeamte an. Arabische Historiker berichten, daß in Cordoba, Granada, Sevilla und Toledo jüdische Gemeinden neu gegründet wurden. Im 8. und 9. Jh. ist auch mit einer weiteren jüdischen Einwanderung aus Nordafrika zu rechnen. Nach der Angabe eines arabischen Geographen nannte man Tarragona und Granada jüdische Städte. In immer steigendem Ausmaß wurden die Juden zu einer städtischen Bevölkerung und waren vielfach im Handel tätig.

Chasdai ibn Schaprut (915–975) war, wenn man es so sagen darf, der erste ‚Hofjude‘ überhaupt. Er wirkte am Hof von Abd al Rahman III. (912–971). Zu seiner Zeit wurde Cordoba zu einem geistigen und politischen Zentrum. Das war weithin auch das Verdienst von Chasdai ibn Schaprut. Zu Beginn der vierziger Jahre wurde er Hofarzt und verantwortlich für die Zölle des Reiches. Gegen Ende der vierziger Jahre sollten die diplomatischen Beziehungen zwischen Byzanz und dem ummajadischen Kalifat von Cordoba aufgenommen werden. Am 8. September 949 empfing der Kalif eine byzantinische Delegation, die als Gastgeschenk ein griechisches Exemplar von ‚De Materia Medicina‘ des Dioscorides nach Cordoba mitbrachte. Dies ist ein medizinisch-pharmakologisches Werk aus der 2. Hälfte des 1. Jhs., das nicht gelesen werden konnte, da niemand im Reich des Kalifen der griechische Sprache mächtig war. Daher kam 951/52 ein byzantinischer Mönch mit Lateinkenntnissen nach Cordoba, bei dem Chasdai ibn Schaprut Griechisch lernte und den Dioscorides ins Arabische übersetzte.

Ein politisches Problem der Zeit war das der sarazenischen Seeräuber, die in der Bucht von Saint Tropez in der Provence ihren Stützpunkt hatten. Von dort unternahmen sie Beutezüge gegen Klöster und Pilger bis zu den Alpen. Besonders hart war Burgund betroffen. 939 wurde von ihnen das Kloster von St. Gallen geplündert. Otto I. (936–973) schickte diesbezüglich eine Gesandtschaft an Abd al Rahman III. mit der Bitte um Intervention gegen die Seeräuber. Diese Abgeordneten kehrten 950 mit einer Gesandtschaft Abd al Rahmans III. nach Deutschland zurück. Beide Gesandtschaften trafen 953 wieder in Cordoba ein. Chasdai ibn Schaprut wurde vom Kalifen beauftragt, mit dem Mönch Johannes aus dem Kloster Goerze (Görz), dem Leiter der Delegation Ottos I., zu verhandeln.

Ein weiterer politischer Auftrag des Kalifen führte Chasdai ibn Schaprut in den christlichen Norden Spaniens, um Konflikte am Hof von Leon zu schlichten. Sancho von Leon, der besonders fettleibig war, war von Aufständischen entthront worden. In Navarra herrschte Königin Toda, die Großmutter Sanchos. Diese wandte sich an den Kalifen mit der Bitte um Hilfe für ihren Enkel, damit dieser die Krone wieder erhalte und von seiner Fettleibigkeit geheilt würde. Chasdai ibn Schapruts ärztliche Kunst erreichte das Gewünschte, und im Frühjahr 959 kehrte Sancho mit Hilfe von Truppen des Kalifen wieder nach Leon zurück .

Der Versuch des Chasdai ibn Schaprut, mit dem Chazarenreich unmittelbar Kontakt aufnehmen zu können, schlug fehl. Die Chazaren, die zwischen dem Schwarzen und dem Kaspischen Meer siedelten, zumindest ihre Oberschicht, nahmen im ersten Drittel des 8. Jhs. den jüdischen Glauben an. 965 wurde ihre Hauptstadt von den Russen erobert. Die Folge war eine Zwangschristianisierung. Einige wichen wahrscheinlich nach Norden Richtung Ostsee aus und bildeten vielleicht die Urzelle des später aschkenasisch geprägten osteuropäischen Judentums.

Das 10. Jh. bedeutete auch den Beginn eines autochthonen Talmudstudiums in Andalusien. Talmudhandschriften wurden nach Spanien gebracht. Aus Süditalien kam in den fünfziger Jahren der Gelehrte Mosche ben Chanokh, der der Leiter einer rabbinischen Akademie und Vorsitzender des rabbinischen Gerichtshofs in Cordoba wurde. Zu ihm kamen Schüler aus dem gesamten ummajadischen Kalifat. Dieses 10. und das darauffolgende Jahrhundert bedeuteten den Höhepunkt der arabisch-jüdischen Symbiose in Spanien. Die Juden identifizierten sich mit der arabisch-maurischen Kultur, was ganz eindeutig aus dem Stil ihrer Synagogen hervorgeht. Ihre Sprache war die arabische, und sie nannten sich vielfach nicht hebräisch ‚A' ben ‚B', sondern arabisch ‚A' ibn ‚B'.

Der Anfang des 11. Jhs. bedeutete das Ende des Kalifats von Cordoba. An seine Stelle traten Kleinkönigreiche, sogenannte ‚taifas'. Die führende jüdische politische Persönlichkeit dieser Periode war der in Granada wirkende Samuel Hannagid (990–1055). Er war nicht nur Dichter und rabbinischer Gelehrter, sondern ebenso wie vor ihm Chasdai ibn Schaprut politisch engagiert. 1027 wurde er Vezir von Granada. Er ritt selbst an der Spitze seiner Truppen in den Kampf und verewigte seine Siege in seinen Dichtungen. Der Dichter und Philosoph Salomo ibn Gabriol (1020–1052), den er als Mäzen unterstützt hatte, fand aber für die Dichtkunst seines Gönners nur beißenden Spott: „Ihre Kälte ist wie der Schnee des Schenir oder wie ein Gedicht Samuels des Frostigen."

Unter der Herrschaft der unduldsamen Almoraviden begann sich die Lage der Juden im muslimischen Spanien mit dem Ende des 11. Jhs. zu verschlechtern. Trotzdem blieb Cordoba noch ein wichtiges kulturelles Zentrum. 1146 begann die Herrschaft der Almohaden, was das Ende für die blühende jüdische Kultur in Andalusien bedeutete. Synagogen und rabbinische Akademien wurden geschlossen, die jüdische Religionsausübung verboten. Die Juden mußten sich förmlich zum Islam bekehren. Daher wurde die Familie des Maimonides wie viele andere zur Auswanderung gezwungen, und zwar zunächst nach Nordafrika. Andere emigrierten in das christliche Spanien, wo erst jetzt die ‚Goldene Periode' begann. Sie dauerte ein gutes Jahrhundert lang bis etwa zum letzten Viertel des 13. Jhs.

Die Epochen im christlichen Spanien stellen sich etwa in folgenden Zeiträumen dar: 1. bis 1283/84, in der die ‚Goldene Periode' anzusetzen ist. 2. 1283/84 bis 1391, als eine radikale Verschlechterung der Akzeptanz der Juden durch die Christen

67

festzustellen ist. 3. 1391–1492, die Vorbereitung auf die Katastrophe.

In den Ländern der Krone von Aragon sind Juden nicht vor
der Mitte des 9. Jhs. belegt. Im 11. Jh. lebte in Barcelona bereits eine bedeutende jüdische Gemeinde. Die Könige stellten
den einzelnen Gemeinden Privilegien aus. Für die Ermordung
eines Juden mußten Strafsummen an den königlichen Fiskus
gezahlt werden. Die Rechtslage war also sehr ähnlich jener in
den anderen christlichen Staaten. Juden waren Ärzte, Verwaltungsbeamte, mit der Münzprägung beschäftigt, Handwerker
und Händler. Als im 13. Jh. die großen andalusischen Städte
im Zuge der Reconquista erobert wurden, gab es dort keine
ansässigen Juden mehr. Sie wurden dann von den christlichen
Königen neuerdings mit Juden bevölkert. Diese – wie auch in
Deutschland – erteilten Rittern, Adeligen und Klerikern das
Recht, Juden anzusiedeln und zu besteuern. Ebenso waren Juden auch mit dem Verleih von Geld auf Zinsen befaßt, was
aber in Spanien nie dieselbe Bedeutung wie im aschkenasischen Raum erlangte. Wichtig waren für die Könige in den
neueroberten ehemals muslimischen Gebieten die Juden auch
wegen ihrer Arabischkenntnisse. Das prädestinierte sie als
Verwaltungsbeamte und Wirtschaftsfunktionäre. Es entstand
so etwas wie eine jüdische Aristokratie an den christlichen
Höfen. Dennoch wäre es falsch, selbst in dieser Periode von
einem echten christlich-jüdischen Zusammenleben zu sprechen; es handelte sich eher um eine für beide Seiten nützliche
Koexistenz.

Eine Wende zum Schlechteren bedeutete der Religionsdisput von Barcelona im Juli und August 1263. In Anwesenheit
König Jakobs I. von Aragon, kirchlicher Würdenträger, Dominikaner und Franziskaner diskutierte der Konvertit Pablo
Christiani, der als Jude Schüler des Rabbi Eliezer von Tarascon war, mit dem Philosophen und Bibelerklärer Moses
Nachmanides, der in den christlichen Quellen Bonastrug de
Porta hieß. Die christliche Seite wollte nicht wie 1240 in Paris
den Talmud verteufeln, sondern versuchte e concessis zu dis-
kutieren. Die christologischen Fragen wurden nicht direkt an-

geschnitten, sondern man zog zunächst die rabbinischen Texte selbst heran, um zu beweisen, daß der Messias schon gekommen sei. So behauptete Pablo Christiani, daß selbst die Gelehrten zur Zeit Jesu diesen für den Messias gehalten und in ihm Gott und Mensch zugleich gesehen hätten. Die christliche Seite berief sich dafür auf eine Stelle im Talmud (Sanhedrin 98a), nach der Jehoschua ben Levi im 3. Jh. gesagt hätte, daß der Messias schon mitten unter den Armen am Stadttor Roms sitze. Nachmanides konterte mit der Gegenfrage, warum die jüdischen Gelehrten Juden blieben und nicht Christen wurden, wenn sie angeblich von der Messianität Jesu überzeugt gewesen wären. Überdies unterschied Nachmanides zwischen Geburt und öffentlichem Auftreten. Auch bei Moses dauerte es eine Weile, bis er sich als Erretter Israels erweisen konnte. In diesem Sinn gibt es noch niemand, der im Verständnis der jüdischen Tradition als Messias bezeichnet werden könnte. Leicht hatte es Nachmanides bei diesem Disput jedenfalls nicht. Um dem Mißbrauch derartiger Stellen aus der rabbinischen Überlieferung durch Pablo Christiani zu entgehen, mußte er überhaupt die Relevanz der Aggada, d.h. der rabbinischen Erzähltradition, für den jüdischen Glauben bestreiten, was zwar durchaus noch möglich war, aber sicherlich nicht ganz im Sinn von Nachmanides' eigenem Verständnis. Ein weiteres Thema war das Problem des jüdischen Zeremonialgesetzes, das nach der Meinung der Christen durch Tod und Auferstehung Jesu aufgehoben sei, für das mit seiner Tradition verbundene Judentum bis heute aber noch relevant ist.

Der Religionsdisput, der nur fünf Tage dauerte, wurde formal nicht abgeschlossen. Er blieb unvollendet, und die Haltung Jakobs I. zu den Juden war nach dem Disput alles andere als geradlinig. Nachmanides, verschiedentlich bedrängt, zog, um weiteren Problemen zu entgehen, eine Auswanderung in das Hl. Land einem weiteren Aufenthalt in den Ländern der Krone von Aragon vor. Am 2. September 1267 traf er in Jerusalem ein und verstarb 1270 in Akko.

Eine christologische Argumentation aus den Quellen der jüdischen Tradition unternahm auch der Dominikaner Raymund Martini in seinem etwa 1280 abgeschlossenen ‚Pugio Fidei adversus Mauros et Judaeos'. Unter Benützung einer rabbinischen Legende verstieg er sich sogar soweit, daß nur noch der Teufel daran interessiert sei, daß die Juden weiterhin nach ihrem Zeremonialgesetz leben. Wegen ihres daher grundsätzlich satanischen Charakters müßten die Juden von allen gesellschaftlich relevanten Stellen ferngehalten werden. Daher wurde bereits 1284 den Juden in allen Ländern der Krone von Aragon verboten, die Stellung eines Beamten des Reiches einzunehmen. Das war das Ende des ‚Goldenen Zeitalters' für die Juden von Aragon und der Beginn restriktiver Maßnahmen.

Weniger restriktiv war die Haltung gegenüber den Juden in Kastilien. Dort nahmen Juden noch Ende des 13. Jhs. hohe Positionen ein. Besonders erwähnenswert ist hier Samuel ben Meir Hallevi Abulafia, der 1320 in Toledo geboren wurde und 1361 auf der Folter in Sevilla starb. Er war Oberschatzmeister des Königs Don Pedro des Grausamen, erreichte eine dem Hochadel vergleichbare Position und führte auch ein eigenes Wappen, das noch heute in der Synagoge ‚El Transito' erhalten ist. Er war der Erbauer dieser Synagoge. Der Name ‚El Transito' ist ein Beweis dafür, daß diese Synagoge, wie andere, in eine Kirche umgewandelt wurde.

In Kastilien erhielten ab dem 14. Jh. die jüdischen Gemeinden eine förderative Struktur. Diese wurde 1432 in Valladolid beschlossen. An der Spitze der kastilischen Gemeinden stand nunmehr ein Rab de la Corte, also ein Hofrabbiner, der vom König nominiert wurde und ein königlicher Beamter war. Eine analoge Gesamtorganisation aller Gemeinden gab es in Aragon nicht.

1391, also genau 101 Jahre vor der Vertreibung, setzte die letzte Periode der Geschichte der Juden in Spanien ein. Es war die restriktivste Epoche, in der bereits etliche jüdische Gemeinden zerstört waren, bevor am 4. Juli 1391 der Angriff auf das jüdische Viertel in Sevilla erfolgte. Synagogen wurden in Brand gesteckt oder in Kirchen umgewandelt. Viele Juden wurden getötet, mehr noch getauft. Jene Juden, die trotz der

Taufe ihrer jüdischen Religion insgeheim treu blieben, nennt man Marranen. Das hebräische Wort dafür, ‚Anusim‘, d.h. ‚die Vergewaltigten‘, sagt trefflich aus, was damit gemeint ist. Die Marranen galten vom christlichen Standpunkt als christliche Ketzer mit all den entsprechenden Folgen im Spanien des 15. Jhs.

Die Verfolgungswelle griff 1391 wie ein Lauffeuer um sich. Betroffen wurden die Städte Cordoba, Toledo, Burgos in Kastilien und ab Anfang Juli auch folgende Städte in Aragon/Katalonien: Valencia, Palma de Mallorca, Barcelona und Gerona. In Valencia und Barcelona gab es keine jüdischen Gemeinden mehr.

Nach der Verfolgungswelle von 1391 versuchte der Philosoph und rabbinische Gelehrte Chasdai Creseas die zerrütteten und dezimierten jüdischen Gemeinden wieder neu zu konsolidieren. Er wurde 1340 in Barcelona geboren und verstarb 1412 in Saragossa, wohin er 1387 mit Regierungsantritt Johannes I. übersiedelte. Obwohl er den Titel eines ‚familiaris‘ des königlichen Hofs führte, wurde sein einziger Sohn 1391 beim Pogrom in Barcelona ermordet. Die Zeitumstände zwangen ihn, sich kritisch mit dem Christentum auseinanderzusetzen. So verfaßte er einen Traktat gegen die christlichen Dogmen in spanischer Sprache, der nur mehr in hebräischer Übersetzung erhalten ist: ‚Widerlegung der Grundsätze der christlichen Lehre‘.

Das Problem der Conversos – so hießen die Marranen/Anusim – wurde immer brennender für die christlichen Gemeinden. Die Scheidewand ging teilweise sogar quer durch die Familien, die zunächst öfters noch in einem Hause beisammen wohnten. Daher bestand die Tendenz, die Neuchristen von ihren Familienangehörigen zu trennen, die dem Judentum trotz aller Gefährdungen die Treue gehalten hatten. Das Religionsgespräch von Tortosa, das vom 7. Februar 1413 bis zum 13. November 1414 dauerte, sollte der Stärkung der Neuchristen und einer weiteren Mission unter den Juden dienen. Dieses Religionsgespräch, äußerst repressiv geführt, wurde vom Gegenpapst Benedikt XIII. einberufen, der selbst ein

Aragonese war. Von diesem Disput gibt es kein umfassendes hebräisches Protokoll, sondern nur drei lateinische Protokolle, die aus Mitschriften der Schreiber Benedikts XIII. angefertigt wurden. Schon in der Einleitung sagte der Papst, daß nicht zur Debatte stünde, welche der beiden Religionen die wahre sei. Aber Hieronymus de Santa Fe, ein Konvertit, der als Jude Jehoschua hallorqi hieß, hätte sich erbötig gemacht, aus dem Talmud zu beweisen, daß der Messias schon gekommen sei. Die jüdischen Gelehrten hätten keine andere Aufgabe, als ihm Rede und Antwort zu stehen. Der Wortführer der Juden war der bekannte Apologet des jüdischen Glaubens Joseph Albo, der bedeutendste Schüler des Chasdai Creseas. Aus den Anfangsbuchstaben von magister *Geronimo de* Santa *Fe* entstand das hebräische Wort ‚megaddeph‘ ‚Spötter‘, wie der Kronzeuge für die christliche Argumentation genannt wurde.

Das erste Thema, das zur Sprache kam, war ein Ausspruch, der nach der rabbinischen Tradition im Lehrhaus des Elias gesagt worden sein soll, und der lautet: „6000 Jahre dauert die Welt, davon 2000 vor der Gesetzgebung auf dem Sinai, 2000 Jahre Tora und 2000 Jahre messianische Zeit. Wegen unserer zahlreichen Sünder sind von letzteren schon etliche verstrichen." (Sanhedrin 97 a. b etc.) Hieronymus de Santa Fe, der sich vielfach auf Raymund Martinis ‚Pugio fidei‘ stützte, meinte, daß die hier genannten Sünden der Unglaube an die Messianität Jesu sei. Jüdischerseits wurde als Beleg dafür, daß für die Lehrer des Talmud der Messias noch nicht gekommen sei, ein weiterer Ausspruch aus Sanhedrin 97b zitiert: „Rabbi Schmuel bar Nachmani sagte im Namen des Rabbi Jonatan: Es schwinde der Geist derjenigen, die das Ende berechnen, die sagen, weil es schon hätte kommen sollen und nicht kam, wird es auch nicht mehr kommen." Ein weiteres christliches Argument gegen das Judentum war die Auffassung, daß die Verheißungen vom Judentum gewichen seien, weil es keinen in Gn 49,10 angekündigten autonomen jüdischen Herrscher mehr gibt. Dieses Religionsgespräch verfehlte seine von den Christen beabsichtigte Wirkung nicht. Eine starke Konversionsbewegung war die Folge.

Auch in Kastilien verschärfte sich die antijüdische Stimmung. Die Predigten des Dominikaners Vinzenz Ferrer, eines Zeitgenossen des Disputs von Tortosa, trugen zur Verstärkung der Spannungen bei. Im Bild wurde er dargestellt, wie er die Verbrennung hebräischer und maurischer Bücher überwacht.

Das Problem der Conversos beherrschte weiterhin die christliche Szene während des ganzen 15. Jhs. Anstelle ehemaliger Hofjuden waren nunmehr Conversos die Inhaber hoher Stellen bei Hof. Die Neuchristen hatten genau dieselbe Berufsstruktur, die sie früher als Juden innehatten. Der Franziskaner Alonso de Espina predigte gegen die Häresie der Conversos. 1449 kam es in Toledo zu einem regelrechten Pogrom gegen die Neuchristen. Das Haus des Konvertiten Alonso Cota wurde niedergebrannt. Der Anführer des Pogroms Pero Sarmianto gewann die Kontrolle über die Stadt und warf etliche Conversos ins Gefängnis. Einige wurden als Kryptojuden/Marranen zum Scheiterhaufen verurteilt. Kurz darauf stellte Johann II. die Ordnung wieder her. Schon 1467 kam es neuerlich zu einer Pogromstimmung gegen die Neuchristen. Vier Straßen, in denen vorwiegend Conversos wohnten, wurden niedergebrannt. Derartige antijüdische Ausschreitungen gab es dann immer wieder und an mehreren Orten.

Unter derartigen Voraussetzungen heirateten im Jahre 1469 Ferdinand von Aragon und Isabella von Kastilien. 1478 wurde die spanische Inquisition eingeführt, deren Großinquisitor ab 1483 Thomas de Torquemada war. 1481–1488 verbrannte man mehr als 700 Männer und Frauen unter dem Vorwurf, daß sie trotz Taufe ,Untergrundjuden' geblieben seien. Im Januar 1492 wurde die letzte muslimische Position auf spanischem Boden, Granada, erobert. Dort unterzeichneten Ferdinand und Isabella bereits schon am 31. März das Vertreibungsdekret. Am 31. Juli 1492 hatte der letzte Jude, der nicht bereit war, die Taufe anzunehmen, Spanien verlassen. Insgesamt handelte sich dabei etwa um 100 000 bis 200 000 Vertriebene. Die wichtigsten Immigrationsgebiete waren das Osmanische Reich, zu dem auch das Land Israel gehörte, Nordafrika und Italien. Ein anderer – vor allem portugiesischer (ab 1497) – Auswanderungsstrom reichte über die Niederlande und Hamburg-Altona bis Kopenhagen.

Die jüdischen Gemeinden in Spanien waren wohl organisiert. Das jüdische Viertel hieß ‚Juderia'. Vereinzelt wohnten Juden aber auch mitten unter der christlichen Bevölkerung. Die jüdischen Gemeinden nannte man ‚Aljama'. Dieser Terminus fand auf der ganzen Iberischen Halbinsel Verwendung. Die ‚Aljamas' beherbergten die Juden als autonome Gruppe innerhalb der Städte. Die Gesetzgebung der christlichen Herrscher war festgelegt im Judenrecht, intern galt aber auch das eigene jüdische Recht. Privilegien wurden sowohl ganzen ‚Aljamas' als auch einzelnen Personen ausgestellt. Die ‚Aljamas' wurden von einem Rat geleitet, der öfters 30 Mitglieder hatte, an manchen Orten auch weniger. Diesen Gremien durften nicht zwei Mitglieder aus ein und derselben Familie angehören. Die Sekretäre der ‚Aljamas' hießen ‚Adelantados', die hebräische Bezeichnung dafür in deutscher Übersetzung: ‚Vorgesetzte, Zuverlässige'. In einer Gemeinde gab es 3–5 solche ‚Adelantados'. Ferner gab es natürlich alle Funktionäre vom Rabbiner abwärts, die für eine jüdische Gemeinde notwendig waren. Die Synagogen wurden als ‚Oratorium' bezeichnet, daneben im Katalanischen ‚scola' und im Aragonesischen ‚synagoga'.

Besteuert wurde eine ‚Aljama' als Ganze. Die Steuerlast wurde intern auf die einzelnen Mitglieder verteilt. Neben den Steuerpflichtigen, die die große Mehrheit waren, gab es auch einzelne zeitweilig oder gänzlich befreite Juden, die aber die Ausnahme von der Regel bildeten. Juden übten verschiedene Berufe aus: Ärzte, Apotheker, Händler, Handwerker, Wissenschaftler (Mathematik, Astronomie etc.), Schreiber und Illustratoren hebräischer Handschriften. Die letztere Tätigkeit stellten sie auch in den Dienst der Christen. U.a. illuminierten sie auch Karten für Seefahrer. Es bestanden auch jüdische Zünfte, die ähnlich wie die christlichen organisiert waren, z.B. Schuster und Schneider. Außerdem gab es in einer Aljama verschiedene jüdische Vereine, die sich z.B. der Unterstüt-

zung von Armen, Krankenbesuchen, Beerdigungen, Besorgung
einer Aussteuer für Waisenmädchen, der Koscherweinaufsicht
etc. widmeten. Die strengste Strafe für ein Mitglied einer
‚Aljama' war der ‚Cherem', der Bann, durch den das straffäl-
lig gewordene Mitglied praktisch von allen Gemeinden gemie-
den wurde.

Im christlichen Spanien wirkten wie vorher im muslimischen zahlreiche jüdische Gelehrte, die sowohl in der jüdischen Traditionsliteratur als auch in den weltlichen Wissenschaften bewandert waren. Der bekannte Exeget Abraham
ben Meir ibn Ezra wurde 1092 in Toledo geboren, also sieben
Jahre nach der Eroberung der Stadt durch die Christen. Seine
Kommentare sind wie die Raschis in den meisten rabbinischen
Bibelausgaben bis heute enthalten. In die zweite Hälfte des
11. und in den Beginn des 12. Jhs. fiel auch die Wirkungszeit
von Abraham bar Chija hannasi. Er war Mathematiker und
Philosoph, beschäftigte sich auch mit Geometrie und Astronomie. Er lebte in Barcelona und in der Provence. Die Erwählung des Judentums verteidigte er gegen die Ansprüche des
Christentums und des Islam. Muhammed hielt er für verrückt
und berechnete aufgrund seiner astronomischen Überlegungen
den Untergang des Islam für das Jahr 1186. Zu den Apologeten des Judentums gehörten auch Josef Kimchi und sein Sohn
David Kimchi. Josef Kimchi, der Verfasser des ‚Sepher hab-
berit', ‚Buch des Bundes', das in Form eines Dialogs zwischen
einem Gläubigen und einem Ketzer verfaßt wurde und die
jüdischen Antworten auf die Einwände der Christen enthält,
wurde 1105 in Südspanien geboren und verstarb 1170 in
Narbonne, wo 1160 sein Sohn David geboren wurde. Für
Aufregung auch in Spanien sorgte das Hauptwerk des Moses
Maimonides ‚Führer der Schwankenden', das dieser 1190 in
Kairo in arabischer Sprache abgeschlossen hatte. Im Gegensatz zum aristotelisch-neuplatonischen Rationalismus des
Maimonides nahm der jüdische Partner im Religionsgespräch
von Barcelona 1263, Moses Nachmanides, eine zugleich kriti-
sche als auch vermittelnde Stellung ein. Gegen die christlichen
Argumente, daß der Messias schon gekommen sei, verfaßte

Nachmanides ein ‚Sepher hagge'ula', ‚Buch der Erlösung', in dem er auf die noch ausstehende Erlösung hinwies. Nachmanides wurde 1194 in dem Kabbalistenzentrum Gerona geboren und verstarb 1270 in Akko. In der ersten Hälfte des 14. Jhs. wirkte in Kastilien der bekannte, aus Deutschland stammende Kodifikator des rabbinischen Rechts, Jakob ben Ascher. Er wurde 1269 in Deutschland geboren, das er mit seiner Familie 1303 verließ. Über Barcelona kam er nach Toledo, wo sein Vater Ascher ben Jechiel Oberrabbiner wurde. Im Monumentalwerk Jakob ben Aschers, den ‚Arba'a Turim', sind sephardische und aschkenasische Traditionen vereint. Sie enthalten Gesetze für das tägliche Leben, Sabbate und Feiertage; einen Kodex für die religiöse Praxis; Eherecht und Zivilrecht.

In der Zeit nach der Katastrophe des Jahres 1391 wirkte der schon genannte Chasdai ben Abraham Creseas. In seinem Hauptwerk ‚Or Adonai', ‚Licht des Herrn', wollte er die philosophische Position des Maimonides und ganz besonders die der jüdischen Averroisten zurückweisen und den Geltungsbereich der Philosophie gegenüber dem der Theologie abgrenzen. Sein Schüler Joseph Albo wurde in der 2. Hälfte des 14. Jhs. geboren und verstarb etwa 1440. Er war nicht nur der jüdische Vertreter im Religionsgespräch von Tortosa, sondern auch der Verfasser des ‚Sepher ha'iqqarim', ‚Buch der Glaubensgrundsätze', in dem er die Grundsätze des jüdischen Glaubens systematisch darstellte. Im 25. Kapitel des 3. Buches setzte er sich konkret mit den Einwänden der Christen gegen die jüdische Religion auseinander. Albos ‚iqqarim' lassen im Inhalt, Aufbau und Thematik die prekäre Lage des Judentums im christlichen Spanien des 15. Jhs. erkennen, als die kirchliche Tendenz, die Juden zu missionieren, immer deutlicher wurde.

Wie ein Vermächtnis der großen spanisch-jüdischen Kultur klingt der Text des Kolophons einer hebräischen Bibel: „Dieses Buch, das die 24 heiligen Bücher enthält, wurde geschrieben vom gebildeten Abraham Kaliph, seligen Angedenkens, in der Stadt Toledo in Spanien. Es wurde abgeschlossen im Monat Nisan des Jahres 5252 (i.e. 1492) nach der Erschaffung der Welt ... Am 7. des Monats Abh dieses Jahres zogen die Exilierten Jerusalems, die in Spanien waren, weg, beunruhigt und vertrieben auf Befehl des Königs ... Ich Chajim ibn Chajim habe etwas Masora und diesbezügliche Meinungen hinzugefügt im Jahre ‚die Weihe (nezer) seines Gottes ruht auf seinem Haupte' (Nm 6,7) in der Stadt Konstantinopel. Die Erlösung möge nahe sein." Der Zahlenwert des Wortes ‚nezer' beträgt 5257, es ist also das Jahr 1497. Die hochbedeutsame spaniolische Kultur im Osmanischen Reich mit ihren Auswirkungen bis Wien ist nicht mehr Gegenstand dieser kurzgefaßten Darstellung.

13. Die messianischen Bewegungen des 16.–18. Jahrhunderts

Die Vertreibung aus Spanien bedeutete einen Schock für das gesamte Judentum. Somit war der Boden vorbereitet für messianische Schwärmer. Ebenso wurde im 16. Jh. klar, daß die Welt größer ist, als man bisher annahm. Es gab zahlreiche weiße Flecken auf der Landkarte, so daß es durchaus möglich schien, daß sich noch irgendwo Nachkommen der zehn schon 722 v. Chr. von den Assyrern exilierten Nordstämme befinden. In diese Situation fällt das Auftreten des David Reubeni. Dieser gab sich als Nachkomme Salomos aus und als Bruder des Königs Joseph, der in der Wüste Chaibar über die ehemals ostjordanischen Stämme Ruben, Gad und den halben Stamm Manasse herrscht. Nach seiner angeblich königlichen Abkunft nannte er sich David und nach dem Stamm Ruben Reubeni. Er selbst sei General der Armee seines Bruders und wurde von diesem in diplomatischer Mission zum Papst geschickt. Er teilte aber nicht mit, wo genau sich die Wüste Chaibar befindet.

Im Jahre 1523 tauchte er plötzlich in Kairo auf, wohin er offenbar aus der Gegend des Oberlaufs des Nils gekommen war. Dort wandte er sich an den Vorsteher der jüdischen Gemeinde Abraham de Castro. Von dort reiste er über Gaza nach Hebron, wo er auch die Gräber der Patriarchen aufsuchte. Von dort zog er weiter nach Jerusalem, wo er einige Wochen auf dem Tempelberg verweilte. In Jerusalem soll er aus der Westmauer des Tempels einen Stein entfernt haben, den angeblich König Jerobeam unter Zaubersprüchen dort angebracht haben soll. Weiter reiste er über Gaza nach Alexandria. Die Juden der Levante verständigten inzwischen brieflich ihre Glaubensbrüder in Italien über David Reubeni. Als er im Herbst 1523 nach Venedig kam, war er etwa 40 Jahre alt. Die Juden Venedigs wußten bereits von ihm, als er diese um Hilfe ersuchte im Hinblick auf seine wichtige Mission beim Papst. In Venedig fand er die Unterstützung des Malers und angesehenen Juden Moses dal Castellazzo. Im Februar 1524 kam er nach Rom und wurde von Papst Clemens VII. mit diplomatischen Ehren empfangen.

Dem Papst gegenüber äußerte er den Wunsch, daß dieser einen Frieden zwischen dem deutschen Kaiser und Frankreich vermitteln und daß es schließlich zu einem christlich-jüdischen Kreuzzug gegen die Türken kommen solle. Ihm, dem David Reubeni, sollte der Papst eine Empfehlung an den Kaiser von Äthiopien geben, daß auch von dort ein christliches Heer zur Befreiung des Hl. Landes ausgerüstet werde. Vom Osten her würde das Heer der Nordstämme aus der Wüste Chaibar anrücken und mit den christlichen Kreuzfahrern gemeinsame Sache machen. Ein Feldzug gegen die militärische Macht des Osmanischen Reiches schien damals, 1524, gar nicht so abwegig, wenn man bedenkt, daß 1529 die Türken zum ersten Mal vor Wien standen. Die gemeinsame christlich-jüdische Militäraktion sollte dazu führen, das Land Israel wieder für die Juden zu erobern. Der Papst aber erklärte sich außerstande, zwischen dem deutschen Kaiser und Frankreich zu vermitteln.

Etwa ein Jahr nach seinem Eintreffen in Rom erhielt David Reubeni die von ihm gewünschten Empfehlungsbriefe an den König von Portugal und an den Kaiser von Äthiopien. In Rom selbst fand David Reubeni die Unterstützung des Kardinals

Aegidio de Viterbo, der seinerseits an der jüdischen Kabbala nicht uninteressiert war. Im Herbst 1525 erreichte David Reubeni per Schiff Portugal, also 28 Jahre nach der offiziellen Vertreibung der Juden aus diesem Land. Da es aber bis dahin im Gegensatz zu Spanien noch keine Inquisition in Portugal gab, lebten dort auch noch verhältnismäßig viele Marranen. Von diesen wurde er begeistert empfangen, und er soll sich mit folgenden Worten ihnen vorgestellt haben: „Von Jugend an bin ich ein Krieger ... Ich kam, um dem König und euch zu helfen. Wir werden sehen, welcher der Weg sein wird, auf dem uns der Herr in das Land Israel führen wird." Am portugiesischen Hof wurde er in Ehren, aber ohne diplomatisches Zeremoniell von König Johann III. empfangen. Sein Aufenthalt in Portugal dauerte etwa 1 1/2 Jahre, blieb aber ohne Erfolg.

Ein junger Marrane und königlicher Beamter namens Diego Pines war von David Reubeni so sehr begeistert, daß er von ihm beschnitten und so auch offiziell in das Judentum aufgenommen werden wollte. Das war aber nicht möglich, da ein solcher Akt eine Verletzung der portugiesischen Gesetze bedeutet hätte. Diego Pines ließ sich aber nicht beirren, beschnitt sich selbst und nahm den Namen Salomo Molcho an, wobei das Namenselement Molcho einen bewußten Anklang an das hebräische Wort ‚König' enthielt. David Reubeni mußte daher unverrichteter Dinge aus Portugal fliehen, da er verdächtigt wurde, am Übertritt des königlichen Beamten Diego Pines zum Judentum schuldig zu sein.

Über Zwischenaufenthalte begab sich Salomo Molcho, der ebenfalls Portugal verlassen hatte, nach Saloniki, wo er sich dem Kabbalastudium widmete. In Saloniki erschienen 1529 seine messianischen Predigten, später unter dem Namen ‚Sepher mepho'ar', ‚Wunderbares Buch'. Im sacco di Roma sah er ein Anzeichen für die kommende Erlösung. Im März 1529 kam er nach Italien, kleidete sich wie ein Bettler und setzte sich unter die Krüppel Roms auf eine Tiberbrücke in der Nähe der päpstlichen Residenz. Damit wollte er seinen messianischen Anspruch unterstreichen, denn nach Sanhedrin 98a sollte genau dort der Messias schon sitzen.

In Rom gewann Salomo Molcho die Sympathie und Unterstützung von Clemens VII., der ihn unter seinen Schutz nahm. Salomo Molcho prophezeite eine Tiberüberschwemmung in Rom für das Jahr 1530 und ein Erdbeben in Portugal für das Jahr 1531. Da beides eintraf, stieg seine Reputation. Ende 1530 begab er sich von Rom nach Venedig.

Und nun zurück zu David Reubeni. Nach dem Verlassen Portugals wurde er Anfang 1527 in einem spanischen Hafen verhaftet, da sich Juden nicht mehr in Spanien aufhalten durften. Nach einiger Zeit wurde er wieder freigelassen und setzte seine Reise per Schiff fort. Schiffbrüchig kam er in die Provence, wo er ebenfalls 2 Jahre aus demselben Grund eingekerkert wurde. Von den jüdischen Gemeinden von Avignon und Carpentras wurde er dann freigekauft. 1530 war er wieder in Venedig, wo er mit Salomo Molcho zusammentraf. Dieser wieder kehrte daraufhin zurück nach Rom, wo er von einem Inquisitionsgericht des Judaisierens angeklagt und zum Feuertod verurteilt wurde. Mit Hilfe des Papstes wurde aber ein anderer, der ihm ähnlich sah, statt seiner verbrannt, und so konnte Salomo Molcho unerkannt Rom verlassen.

David Reubeni begab sich von Venedig nach Mantua. Dorthin kam auch Salomo Molcho. Beide machten sich nun 1532 auf den Weg zum Reichstag von Regensburg, wo sie Karl V. zu einem gemeinsamen Kampf gegen die Türken veranlassen wollten. In Regensburg wurden sie verhaftet und nach Mantua gebracht. Salomo Molcho wurde als Judaisierender noch 1532 in Mantua verbrannt und David Reubeni in Ketten nach Spanien gebracht. 1538 war er bereits tot.

Die Geschichte von David Reubeni und Salomo Molcho, die eher wie ein Roman als ein historischer Bericht klingt, ist sowohl ein Zeichen dafür, wie naheliegend messianische Hoffnungen und Ambitionen damals für Juden waren, als auch wie sehr die Entdeckungen seit dem Ende des 15. Jhs. dazu angetan waren, Angaben wie die des David Reubeni nicht von allem Anfang an als unglaubhaft zu empfinden. In gewisser Hinsicht war es ein mystisch-messianisch motivierter

80

Protozionismus, ein Versuch, die Mächtigen der Weltpolitik für die Sache des Judentums zu gewinnen.

Eine weitere Spielart eines mystisch-messianischen Protozionismus war das Auftreten des Sabbatai Zwi im 17. Jahrhundert. Er wurde 1626 in Smyrna geboren. Er soll den ‚schem hammephorasch‘, den unaussprechlichen Gottesnamen, ausgesprochen haben und wurde schon 1651 von seinem eigenen Lehrer gebannt. Über Saloniki und das Land Israel kam er nach Kairo. Sehr wahrscheinlich war er manisch depressiv, denn seine messianische Exaltiertheit folgte in der Regel auf schwerste Depressionszustände. Von Ägypten aus begab er sich nach Gaza, wo ein gewisser Natan lebte, der im Ruf stand, jedem Menschen seinen für ihn spezifischen ‚Tiqqun‘ mitteilen zu können. Im kabbalistischen Sinn heißt ‚Tiqqun‘ ‚Wiederherstellung‘ einer Ordnung, die beim Schöpfungsakt selbst zerstört wurde. Die Erwählung Israels bestand nun darin, daß jeder einzelne Jude aller Generationen durch das Leben nach der Tradition an dieser Wiederherstellung mitarbeiten muß, bis daß der Messias als Zeichen des sich vollziehenden letzten und endgültigen ‚Tiqqun‘ erscheint.

Dieser Natan von Gaza wurde Sabbatai Zwi zum Verhängnis. Er wurde zum eigentlichen Prediger und Chefideologen des Sabbatianismus. Sabbatai Zwis Zustand paßte bestens in das messianische Konzept Natans. Sabbatai Zwis messianischer Anspruch ist schon deshalb für ihn begründet, weil auch die Messiasseele den letzten Kampf um den letzten ‚Tiqqun‘ bestehen muß. Depressionen und Exaltiertheit sind das deutlichste Zeichen dafür. Damit nahm die sabbatianische Bewegung erst ihren Anfang. 1665 kehrte Sabbatai Zwi nach Smyrna zurück, wo ihm ein begeisterter Empfang bereitet wurde. Im Herbst 1665, am jüdischen Neujahrstag, wurde er als Messias gefeiert. Delegationen aus der jüdischen Diaspora kamen zu ihm, auch aus Amsterdam und Hamburg. 1666 teilte er die Weltherrschaft unter 26 seiner Anhänger auf. Länger konnte der Sultan nicht mehr zusehen. Auf Befehl des Großwesirs wurde Sabbatai Zwi verhaftet und auf das Schloß Abydos an den Dardanellen gebracht. Dort empfing er weiterhin Delegationen aus der jüdischen Diaspora. Seine Anhänger nannten Abydos ‚migdal Oz', ‚Turm der Macht'. In Amsterdam erschien 1666 ein sabbatianisches ‚Siddu', ‚Gebetbuch'.

Daß der Sultan nicht weiter untätig bleiben konnte, liegt auf der Hand. Er ließ Sabbatai Zwi nach Adrianopel bringen, wo er als Revolutionär exekutiert werden sollte. Um der Exekution zu entgehen, konvertierte er 1667 zum Islam und nahm den Namen Mehmed Effendi an. Auch seine Frau Sara und einige seiner Anhänger traten mit ihm zum Islam über. Die ideologische Basis einer heilsgeschichtlichen Aufwertung der Sünde bot ein Satz in Sanhedrin 98a: „Der Sohn Davids kommt nur in einem Geschlecht, das entweder ganz gerecht oder ganz sündhaft ist." Für seine Anhänger, die dann zur Sekte der ‚Dönme' wurden, bedeutete der Übertritt ihres Meisters zum Islam, daß die Messiasseele in die tiefsten Tiefen der Sünde hinuntersteigen müsse, um die dort gefangenen Lichtfunken Gottes zu befreien. Ihren eigenen Übertritt zum Islam verstanden sie dabei als notwendige Hilfe für die Messiasseele.

Der Sultan war bestrebt, Sabbatai Zwi nach Möglichkeit aus dem Verkehr zu ziehen. Daher schickte er ihn nach Albanien, wo er im Jahre 1677 starb. Die schon genannte Sekte der Dönme entstand dann 1683 in Saloniki. Im selben Jahr 1677 verstarb aber auch noch ein anderer Jude in den Niederlanden: Baruch Spinoza. Beide Persönlichkeiten sind typisch für eine Wende hin zur jüdischen Neuzeit. Beiden war die jüdische Gasse in ihrer bisherigen Struktur zu eng geworden. Spinozas Weg war auch der vieler späterer Generationen zur individuellen Assimilation. Dazu verhalf ihm die europäischabendländische Bildung. Sabbatai Zwi hingegen suchte nicht nur die individuelle Befreiung, ein Ausstieg aus dem Judentum konnte ihn nicht befriedigen. Was er wollte, war eine kollektive Befreiung Israels. Den Weg dazu fand er in der jüdischen Mystik, der Kabbala. Er mußte scheitern, weil die Zeit noch nicht reif war, die Anerkennung der politisch Mächtigen zu bekommen, und weil Mystik kein Ersatz für wohldurchdachte organisatorische Maßnahmen sein konnte.

Daß der Sabbatianismus mit der Apostasie und dem Tod des Meisters nicht überwunden war und infolge fortdauernder messianischer Sehnsucht sabbatianische Gruppen weiterhin existierten, beweist die zwielichtige Person des Jakob Frank, der sich in der Nachfolge des Sabbatai Zwi selbst als Messias ausgab und unter den Sabbatianern Anhänger fand. Frank wurde 1726 in Podolien geboren und verstarb nach einem höchst bewegten Leben 1791 in Offenbach am Main. Schon als Jugendlicher hatte er eine besondere Neigung zur Kabbala und wenig Interesse für ein traditionelles talmudisches Studium. Bei seinen Geschäftsreisen in das Osmanische Reich kam er mit den sabbatianischen Dönme in Verbindung und erklärte sich selbst zum Messias in dem Sinn, daß die Messiasseele mehrere Körper durchwanderte, bis sie in ihm ihr letztes Ziel erreichte. David – Elias – Jesus – Mohammed – Sabbatai Zwi – Berechja (Gründer der Dönme Sekte, 1740 gestorben) – Jakob Frank.

1755 kehrte er nach Polen zurück, von Sabbatianern gefeiert und von den traditionellen Talmudisten radikal abgelehnt. Anfangs vertrat er noch eine universalmessianische Lehre. Er sei der dritte (Messias) nach Sabbatai Zwi und Berechja, daher im Sinne einer kabbalistischen Trinität auch der letzte Messias. Er sei, nach seinen eigenen Worten, gekommen, um das ewige Leben auf diese Welt zu bringen. Dann aber gab er es billiger und meinte, daß Polen das verheißene Land sei, wo an der türkischen Grenze ein messianisches Zwischenreich gegründet werden sollte. Die offizielle Vertretung des polnischen Judentums aber, die ‚Vierländersynode‘, bannte die frankistische Sekte. Der Konflikt mit den Talmudischen hatte eine Anbiederung an die christliche Kirche zur Folge, die ihrerseits wieder die Frankisten ganz gewinnen wollte. 1757 und 1759 fanden zwei Glaubensgespräche statt, in denen die Frankisten ihre Lehren so formulierten, daß sie von ihnen selbst im kabbalistischen Sinn und von den Christen in ihrem Sinn gedeutet werden konnten. Als Musterbeispiel dafür soll der trinitarische Gottesbegriff der Frankisten gelten, der schon aus der klassischen Kabbala doppelt begründet werden konnte: als die besondere Einheit der obersten drei Sephirot und als die drei Sephirot-Reihen, wobei die mittlere Säule den Ausgleich zwischen der Güte und der richterlichen Strenge Gottes bedeutet. Ferner behaupteten die Frankisten, daß Gott sich in Menschengestalt offenbare und alle menschlichen Eigenschaften habe außer der Sünde. Auch das klingt wieder enorm christlich, aber für die Frankisten handelte es sich dabei um Jakob Frank, dessen libertinistische Handlungen als ‚Tiqqun‘ verstanden wurden. Auch die These, daß der Messias schon gekommen sei und nicht wieder kommen werde, konnte nach der einen und der anderen Weise gedeutet werden.

Im zweiten Glaubensgespräch von 1759 behaupteten die Frankisten sogar, daß der Glaube an den Messias die Taufe zur Voraussetzung habe. Selbst das konnte frankistisch verstanden werden. Da eine der früheren Inkarnationen der Messiasseele auch in Jesus war, konnte auch die Taufe in das frankistische System integriert werden. Um die Sympathien der Christen zu gewinnen und die Talmudisten als Machtkomplex innerhalb des Judentums auszuschalten, behaupteten die Frankisten auch, daß der Talmud den Gebrauch von Christenblut für rituelle Zwecke vorschreibe. Der apostolische Verwalter des Erzbistums Lemberg, Mikulski, war aber vorsichtig und stimmte der diesbezüglichen Argumentation der Frankisten nicht zu. Sicherlich wollte er in seiner Diözese keine Pogromstimmung aufkommen lassen. Daher blieben die von den Frankisten erhofften Folgen aus, denen nun nichts mehr übrigblieb, als sich wirklich taufen zu lassen.

Jakob Frank selbst wurde am 26. November 1759 in Warschau getauft, wobei König August III. sein Taufpate war. Doch gab er auch nach der Taufe weder seine politischen noch seine messianischen Ambitionen auf. Als Folge davon wurde er am 6. Februar 1760 verhaftet und in die Festung Tschenstochau gebracht, wo er 13 Jahre in Haft blieb. Allerdings dürften seine Haftbedingungen nicht besonders hart gewesen sein, weil er seit Ende 1760 auch Abgesandte seiner Gläubigen empfangen konnte und 1762 auch seine Frau zu ihm in die Festung übersiedeln durfte. Die Behörden hatten auch nichts dagegen, daß sich einige Anhänger des Jakob Frank in der Umgebung der Festung Tschenstochau niederließen, um in der Nähe ihres verehrten Meisters weilen zu können. Dadurch konnte sich der Einfluß der Sekte weiterhin ausbreiten, besonders nach Galizien, Ungarn, Böhmen und Mähren.

Nach der ersten Teilung Polens wurde 1773 Frank von den Russen aus der Haft entlassen und übersiedelte 1774–1778 mit seinem Hof nach Österreich. 1775 wurde er von Maria Theresia und Joseph II. in Audienz empfangen. Zu dieser Zeit errichtete er eine Leibgarde als Keimzelle für eine zukünftige Armee. Von Österreich begab er sich nach Offenbach am Main, wo ihm sogar eine eigene Hofhaltung gestattet war. Nach seinem Tod im Jahre 1791 leitete seine Tochter Eva die frankistische Sekte, bis sie 1817 verstarb, womit das Ende der frankistischen Bewegung auch schon besiegelt war. Das Gros der polnischen Frankisten ging nach seinem Tod in der christlichen Umgebung auf.

14. Sabbatianismus im Westen

Der Sabbatianismus im Westen war die Voraussetzung für den Konflikt zwischen Jonatan Eibeschütz (geb. 1690 in Krakau, gest. 1764 in Altona) und Jakob Emden (geb. in Altona 1697, gest. in Altona 1776). Eibeschütz war sowohl ein bedeutender rabbinischer Gelehrter als auch interessiert an der Kabbala. Dieses Interesse führte dazu, daß er des Sabbatianismus verdächtigt wurde. Emden war ein ausgeprägter Rationalist und allen kabbalistischen Spekulationen abhold. Er wußte bereits, daß der Zohar, das Hauptwerk der Kabbala, ein apokryphes Werk ist und nicht, wie behauptet, von dem Gelehrten des 2. Jhs. n. Chr., Schimon bar Jochai, stammt. Auch war er überzeugt, daß Jesus und das Christentum die weltlichen Völker zum Monotheismus führen.

Eibeschütz leitete eine rabbinische Akademie in Prag und war Stellvertreter des Oberrabbiners David Oppenheim. Zu dieser Zeit kam der Sabbatianer Nechemja Chija Chajun nach Prag. Eibeschütz nahm aufgrund seiner kabbalistischen Interessen mit ihm Kontakt auf. So geriet er selbst in den Verdacht, mit dem Sabbatianismus zu sympathisieren, obwohl auch er den großen Bann gegen die Sabbatianer mit unterschrieben hatte, den die Prager Rabbiner vor dem Kol Nidre-Gebet am Versöhnungstag des Jahres 1725 in den Synagogen verkündet hatten. 1741 wurde er Oberrabbiner in Metz und 1750 Oberrabbiner der drei Gemeinden Altona, Hamburg und Wandsbek. Sein Interesse an der praktischen Kabbala brachte ihn in Konflikt mit Jakob Emden. Er stellte Amulette für Wöchnerinnen her. Als eine von ihnen trotz eines solchen Amuletts starb, öffnete man diese Amulette und meinte, darin Anspielungen auf Sabbatai Zwi zu finden.

Wegen dieser Vorfälle verkündete am 4. Februar 1751 Emden in seiner Privatsynagoge in Altona den Bann gegen Eibeschütz. Weitere, ebenfalls verdächtige Amulette führten zu einer Ausweitung des Streits, der seine Auswirkungen auf ganz Deutschland hatte und bis Polen, Italien und in die Türkei reichte. Emden begab sich zunächst nach Amsterdam. Die Vierländersynode in Polen entschied sich für Eibeschütz, die meisten deutschen Rabbiner sprachen Emden ihr Vertrauen aus. 1752 wurde Eibeschütz von den Rabbinern von Frankfurt am Main, Metz, Amsterdam und Hannover gebannt. Der dänische König entschied sich ebenfalls zugunsten Emdens, der somit aus Amsterdam nach Altona zurückkehren konnte. Der Hamburger Senat suspendierte Eibeschütz von seinem Rabbinat.

Doch gelang es Eibeschütz, sich nachfolgend gegen Emden durchzusetzen. 1753 war er wieder Oberrabbiner der drei Gemeinden. Im selben Jahr noch bannte die Vierländersynode in Polen alle gegen Eibeschütz publizierten Schriften. Auch der dänische König änderte seine Einstellung und entschied sich endlich doch für Eibeschütz, weil Prof. Megerlin für diesen ein Gutachten verfaßt hatte, demgemäß Eibeschütz ein Kryptochrist gewesen sein sollte.

Eine besondere Facette bot der Frankismus in Böhmen. Im Gegensatz zu den polnischen Frankisten verblieben die böhmischen mehrheitlich im Judentum, meinten aber, daß das Ende der geschaffenen Welt knapp bevorstünde und die vollkommene Welt alsbald Realität werde. Möglicherweise waren die Französische Revolution und das Auftreten Napoleons dafür mitverantwortlich. Im Jahre 1800 kam es diesbezüglich zu einem Höhepunkt. Als Reaktion der Gegner dieses sabbatianischen Derivats erschien in Prag ein allegorisches ‚Gespräch zwischen dem Jahr 5560 und dem Jahr 5561‘ (i.e. Herbst 1800). Demnach verbanden diese Frankisten messianischen Enthusiasmus mit dem Wunsch nach Teilnahme an der Bildungskultur ihrer christlichen Umgebung. Die Anhänger dieser Gruppe wurden als solche definiert, die „das (jüdische) Lernen lieben und die profane Wissenschaft, Zohar und Aufklärung". Von einem gebildeten Frankisten hieß es: „Er nahm die Lehren des Philosophen Kant, kleidete sie in das Gewand des Zohar und der lurianischen Kabbala." Hintergrund solcher uns skurril scheinender Gedanken war wohl der unbändige Wunsch, beide Formen des Weges aus dem Ghetto zu versuchen: den mystisch-politisch-nationalen des Messianismus und den der persönlichen Assimilation an die Bildungskultur der nichtjüdischen Umgebung.

15. Chassidismus

Der Chassidismus, die wohl bedeutendste Verinnerlichungsbewegung im osteuropäischen Judentum, geht auf eine Gründerpersönlichkeit zurück: Israel ben Eliezer Ba'al schem tobh, der von 1700–1760 lebte. Seine Bezeichnung als Ba'al schem tobh kann wohl nicht anders verstanden werden, als daß er magische Praktiken beherrschte. Wörtlich übersetzt heißt es:

„Herr des guten Namens". Der Chassidismus entstand in Podolien und Wolhynien, wo auch die Heimat des Ba'al schem tobh war. In diesem Gebiet fand auch der Sabbatianismus etliche Anhänger. Wenn man Israel ben Eliezer und sein Werk beurteilen will, darf man nicht vergessen, daß er ein Zeitgenosse des Jakob Frank (1726–1791) war. Er bot eine Alternative zum messianisch akzentuierten Sabbatianismus und stützte sich dabei ebenfalls auf die Kabbala des Isaak Luria. Stark popularisiert wurde diese die weltanschauliche Grundlage des Chassidismus.

Außer einigen Briefen gibt es keinen schriftlichen Nachlaß des Ba'al schem tobh. Seine Aussprüche wurden von seinen Schülern gesammelt und zunächst mündlich weitergegeben. Unter seinen Anhängern befanden sich auch rabbinische Gelehrte, die Mehrheit aber war ungebildet. Die Unbildung vieler Chassidim und ihre Überheblichkeit über die Gelehrten boten ihren Gegnern (Mitnaggdim) Anlaß zu herber Kritik.

Die Chassidim schufen eigene Gemeinden innerhalb der jüdischen Gemeinden Osteuropas. Wegen der Hochschätzung der lurianischen Kabbala hielten sie sich mitten in aschkenasischer Umgebung an den sephardischen Ritus und benützten eigene Schächtmesser. In einigen Kreisen der dritten Generation überwog die Sehnsucht nach dem Land Israel. Menachem Mendel von Witebsk und Minsk zog 1777 an der Spitze zahlreicher Chassidim in das Hl. Land. Der wohl bedeutendste Schüler des Maggid von Meseritz war der auch rabbinisch Gelehrte Schneur Salman von Ladi, der in polnisch Litauen wirkte. Er war der Begründer des Chabad Chassidismus, der auch noch heute etliche Anhänger hat. Chabad enthält die Anfangsbuchstaben von Chokhma, Bina, Da'at (Weisheit, Verstand, Wissen), den obersten drei Sephirot im kabbalistischen System.

Nach dem Tod des Maggid von Meseritz kam es zum offenen Konflikt mit den Mitnaggdim (Gegnern), als der Chassidismus in Litauen, der Hochburg rabbinischer Gelehrsamkeit, Boden zu gewinnen begann. Wilna nannte man das ‚Jerusalem Litauens'. Zu Pesach 5532 (1772) wurde in Wilna der Bann über die neue Sekte verhängt. Die treibende Kraft dabei war der Gaon Elijahu Wilna. Die Bannflüche mitsamt der Begründung sind enthalten in dem Pamphlet ‚Triumphlied der Frechen und Steinmesser'. Als Begründung für den Bann gegen die Chassidim sind angegeben: 1. Eigene Gebetsgemeinschaften. 2. Sephardische statt aschkenasische Liturgie. 3. Kein genaues Einhalten der Gebetszeiten. 4. Zu lautes Beten. 5. Unterbrechung des Betens mit anderen Dingen und sonderbare Bewegungen beim Gebet. 6. Kein Anlegen von Gebetsriemen an Halbfeiertagen. 7. Schächtung mit ungeeigneten Messern. 8. Hintanstellung des traditionellen Lernens und Verachtung der Gelehrten. 9. Eigene Kleidersitten. 10. Absonderliche und abstoßende Handlungen. 11. Annahme von Bestechung und Vergeudung jüdischen Vermögens. 12. Zu viele Gastmähler, um die Traurigkeit zu vertreiben. 13. Des Sabbatianismus verdächtig. Als Folge davon wurden die Chassidim auch in Galizien gebannt (Brody, Leschnow).

Elijahu Wilna, der Gaon von Wilna, sah in der Rolle des Zaddiq als Vermittler zwischen Mensch und Gott nicht weniger als Götzendienst. Auf ihn geht der Ausspruch zurück: „Wenn es in meiner Kraft stünde, hätte ich nicht gezögert, mit ihnen zu verfahren, wie der Prophet Elias mit den Propheten des Baal verfuhr."

Der 1772 gegen den Chassidismus verkündete Bann wurde 1781 neuerlich verhängt. Es wurde verboten, mit Chassidim überhaupt zu sprechen und ihnen Wohnungen zu vermieten. Diesem Bann schlossen sich alle Gemeinden Litauens an. Trotzdem aber setzte sich der Chassidismus durch. Mancherorts verdrängten die chassidischen Zaddiqim auch die Autorität der institutionellen Ortsrabbiner. Eine Wende trat erst ein, als seit der Mitte des 19. Jhs. die ostjüdische (eigentlich romantische) Aufklärungsbewegung (Haskala) beide Lebensformen, die der Chassidim und die der traditionellen Orthodoxie, in Frage stellte.

Was machte die Lehren des Chassidismus für die weithin armen Massen der Juden Osteuropas so attraktiv, daß er sich schließlich trotz vehementester Anfeindungen behaupten konnte? Der Lebenswandel bis hin zu den äußersten Kleinigkeiten (z. B. die Art und Weise, wie der Zaddiq seine Schuhbänder knüpft) galt mehr als jedwede vorgeschriebene Formalität. So deutete ein Schüler des Maggid von Meseritz, Schlomo von Luzk, eine talmudische Stelle in Menachot 29b, der gemäß Rabbi Akiba (erste Hälfte 2. Jh. n. Chr.) aus allen Häkchen der Buchstaben der Tora ganze Berge von Halakhot (i. e. religionsgesetzlichen Vorschriften) ableiten konnte, mit folgenden Worten: „Das bedeutet ‚ganze Berge von Halakhot‘. Daß er emporsteigt (holekh lema'ala) Stufe für Stufe und Schritt (halikha) für Schritt bis zum En Soph mit Gottes Hilfe." Das En Soph ist in der Kabbala der deus absconditus, der aber durch die von ihm ausgehende Emanationskraft die ganze Schöpfung bewirkte und im Sein erhält.

Es kommt also auf die richtige Intention an, diesen Weg nach oben beschreiten zu können. Der Weg dazu ist das richtige Gebet, mehr als die herkömmliche talmudische Gelehrsamkeit. Das Ziel des chassidischen Gebets ist die Überwindung der Leiblichkeit, das Erheben über Natur und Zeit, die vollkommene Einheit mit Gott (Jichud). Das Gebet durchbricht also die Grenzen der Natur und erreicht somit die geistige Welt. Es ist daher identisch mit der Himmelsleiter Jakobs (Gn 28,12). Demgegenüber sind Wünsche für oder gegen Vorgänge in dieser Welt belanglos. So sagte der Maggid von Meseritz: „Nicht soll der Mensch beten für seine eigenen Angelegenheiten, er soll nur beten um die Befreiung der Schekhina aus dem Exil." Nach der Auffassung der lurianischen Kabbala befand sich Gottes Wesensgegenwart (Schekhina) im Exil, dem Urbild aller weiteren Exile: der Menschheit, die nicht im Paradies ist, und Israels in der Zerstreuung seiner Diaspora. Mit anderen Worten: das Gebet muß auf das Ganze gehen. Wenn die Schekhina aus ihrem Exil befreit wird, dann lösen sich die beiden anderen Exile von selbst auf.

Zum chassidischen Gebet gehören daher: 1. Dbhequt (Annähern an Gott), 2. Kawwana (Intention) und 3. Hitlahabhut (Begeisterung). Somit charakterisierten die chassidischen Gebete Körperbewegungen, Tanz, Gesang und ekstatische Ausrufe. Daß derartige Praktiken und Theorien die herkömmliche jüdische Gemeindestruktur verändern mußten, liegt auf der Hand. Die individuell chassidische Heiligenfigur des Zaddiq war auch ein absolut neues Phänomen in der jüdischen Religionsgeschichte. Durch seine Beziehungen zu den oberen Welten konnte er nach den Vorstellungen der Seinen tun, was anderen streng verboten war (z. B. Totenbeschwörung).

16. Die Hofjuden und ihre Zeit

Die eigentliche Geschichte der Hofjuden begann in Wien schon im Jahre 1582, da Rudolf II. (1576–1612) die Institution der ‚Hofbefreiten Juden' schuf. Sie waren frei von Abgaben an Land und Stadt, hatten Maut- und Zollfreiheit für ihre Waren, waren ausschließlich der Gerichtsbarkeit des Obersthofmarschalls unterstellt, waren befreit vom Tragen des Judenzeichens und durften sich dort aufhalten, wo sich der Hof befand, daher auch in Wien. Ab 1596 mußten die ‚befreytten Juden' auch Sonderkontributionen für Kriegszwecke leisten. Diese wurden besonders bedeutend während des 30jährigen Krieges 1618–1648. Jakob Bassevi von Treuenberg, ab 1616 Vorsteher der Prager Judengemeinde, erhielt 1622 auf Betreiben Wallensteins von Ferdinand II. den Adelstitel. Gemeinsam mit Fürst Lichtenstein und dem Grafen Wallenstein hatte er die Münzprägung gepachtet. 1624 wurde auch in Wien das Prägegeschäft im Kaiserlichen Münzhaus in der Wollzeile dem befreiten Juden Israel Wolf Auerbach übertragen. Aber trotz ihrer wirtschaftlichen Bedeutung war das Damoklesschwert der Vertreibung auch über dem Wiener Juden. 1670 ereilte sie ihr Schicksal. Die finanziellen Folgen blieben nicht aus. Die Hofkammer errechnete 1673 einen Kapitalverlust von 500000 Gulden als Folge der Vertreibung. Kein Wunder, daß man sich wieder nach einem neuen jüdischen Finanzfachmann umsah. Dieser war Samuel Oppenheimer, der schon seit 1660 in Heidelberg als Armeelieferant und Kammeragent für den Kurfürsten Karl Ludwig von der Pfalz tätig war.

1673 wurde Oppenheimer nach Wien berufen. 1674 erhielt er als Armeelieferant des österreichischen Heeres den Titel eines kaiserlichen Kriegsfaktors. Er war Armeelieferant und Hofbankier in einem und repräsentierte in seiner Person ein Stück Fiskus seiner Zeit. Verschiedene Kriege mit immer neuen Bündnissen und ganz besonders die Abwehr der Türken, die 1683 zum zweiten Mal vor Wien standen, erforderten Beträge, die nur durch gewagte Kredite, für die Oppenheimer verantwortlich zeichnete, auftreibbar waren. Aber Oppenheimer mußte auch Ausrüstung, Waffen und Munition, Tuch für Uniformen etc. für die habsburgischen Heere beschaffen. So wurde z.B. am 14. August 1678 für ihn ein Paßbrief ausgestellt: „Kaysl. Paß ins Reich ... für Samuel Oppenheimer Juden und Factoren bey der kaysl. Armada". Ein anderer Paßbrief vom 22. November 1685 erwähnt ausdrücklich „Munitions- und Zeugsorten, Proviant, Mehl, Hafer und Feldartillerierequisiten". Im Gefolge Oppenheimers kam es zu Ansätzen einer jüdischen Gemeindebildung in Wien, die rechtlich natürlich nicht als Gemeinde anerkannt wurde. Seine Angestellten standen im Schutz seines Privilegiums. 1703 verstarb Oppenheimer. Auf seinem Grabstein stand u.a.: „Den Nahen und den Fernen verschaffte er Nahrung und Ruhe, ihm selbst genügte Gemüse als Mahlzeit ... er gründete viele Synagogen und Lehrhäuser." Seinen Kindern empfahl er in seinem Testament, dem Kaiser und seinen Räten so redlich zu dienen, wie er es selbst tat.

In seinem Testament heißt es auch, daß, wenn seine Kinder ehrlich, redlich, aufrichtig und getreu sind, sie dies genießen und zurechtkommen werden. Das war aber nicht der Fall, denn schon seine Schwiegertochter Judith erlitt 1723 das Schicksal der Vertreibung. Ihr Mann, Samuel Oppenheimers Sohn, Emanuel Oppenheimer, erhielt zwar auch schon 1704 den Titel ‚Oberfactor und Jude', hatte aber weniger wirtschaftlichen Erfolg als sein Vater. Nach seinem Tod am

14. September 1721 war es Karls VI. Wille, daß „alle unter diesem Schutz bishero gestandene Juden, nämlich Judith Oppenheimerin, Wittib etc. mit all deren Familien … von hier abgeschafft werden sollen". Ohne nennenswertes Barvermögen verstarb Judith Oppenheimer im Jahre 1738.

1684 kam – zunächst als Mitarbeiter Oppenheimers – Samson Wertheimer nach Wien. Bald aber wurde er selbständig und Heereslieferant mit persönlichem Kontakt zum Kaiserhaus. Nach dem Tod Oppenheimers wurde er 1703 zum Kaiserlichen Oberhoffactor ernannt. Wertheimer war von seiner Grundstruktur anders als Oppenheimer. Er war gewagten Geschäften abgeneigt und eher ein vorsichtiger Bankier. Im Gegensatz zu Oppenheimer war er auch ein bedeutender Gelehrter der rabbinischen Traditionsliteratur und finanzierte u. a. auch einen Talmuddruck in Frankfurt am Main. Besonders eng waren die Beziehungen Wertheimers zu Eisenstadt und zum Hause Esterházy. Am 4. Oktober 1693 wurde er Ehrenrabbiner von Eisenstadt, und vom Kaiser wurde er als Landesrabbiner von Ungarn eingesetzt.

Oppenheimer und Wertheimer gelang es im Jahre 1700, Johann Andreas Eisenmengers ‚Entdecktes Judentum' vom Kaiser verbieten zu lassen. Wertheimer richtete „nahmens der gesamten Judenschaft im Reich" eine „alleruntertänigste Supplication und Bitten" am 12. Juli 1700 an Kaiser Leopold I., worin er die Konfiskation von Eisenmengers Werk und Übersendung an den Reichshofrat verlangte. Bereits am 21. Juli 1700 erging der kaiserliche Befehl, die Veröffentlichung einzustellen und Gutachten einzuholen. Der preußische König Friedrich I. war aber für die Veröffentlichung und ließ 1711 das Buch in Berlin mit Druckort Königsberg erscheinen. 1741 wurde dann auch noch die erste Auflage von 1700 freigegeben. Der Untertitel von Eisenmengers zweibändigem Werk läßt keinen Zweifel über seine Intention: ‚Gründlicher und Wahrhaffter Bericht, Welchergestalt die verstockte Juden die Hochheilige Dreyeinigkeit, Gott Vater, Sohn und Heiliger Geist erschrecklicher Weise lästern und verunehren … und die ganze Christenheit auf das äusserste verachten und verfluchen'. Eisenmenger hatte zwar gute Hebräischkenntnisse, aber er verstand – was zu seiner Zeit auch noch nicht gefragt war – nicht die literarische Eigenart der rabbinischen Traditionsliteratur. Der ‚Sitz im Leben' der einzelnen von ihm ausgewählten Stellen wurde nicht beachtet, und nach der Pinzettenmethode riß er Zitate aus ihrem Zusammenhang, die antijüdische Effekte hervorrufen sollten. Daher wurde Eisenmengers ‚Entdecktes Judentum' auch die Quelle für August Rohlings Pamphlet ‚Der Talmudjude', das 1871 in erster Auflage in Münster erschien und noch viele weitere Auflagen erlebte.

Wertheimer, dem das Verdienst zukommt, die Inhibierung von Eisenmengers antijüdischem Handbuch erreicht zu haben, hatte mit seiner Familie auch mehr Glück als Oppenheimer. Sein Sohn Wolf Wertheimer hatte zwar größte Schwierigkeiten mit dem bayerischen Hof, da dieser seine Zahlungstermine ihm gegenüber nicht einhalten konnte. Doch mit der Hofkammer in Wien kam er insofern ins reine, als er bereit war, einen Verlust hinzunehmen.

Ein Hofjude besonderer Art war der Sepharde Diego de Aguilar, dessen jüdischer Name Mosche Lopez Pereyra war. Er wurde 1725 von Karl VI. von Amsterdam nach Wien berufen. Seine Aufgabe war es, das österreichische ‚Tabakgefälle' zu einem ertragreichen Unternehmen zu machen, was ihm auch gelang. Für seine Verdienste erhielt er von Karl VI. im Jahre 1726 eine spanische Baronie. Maria Theresia streckte er 300000 fl. zur Erweiterung des Schlosses Schönbrunn vor. Er war auch mitbeteiligt an den Aktivitäten zur Zurücknahme des Vertreibungsdekrets der Prager Juden im Jahre 1748. 1755 oder 1756 verließ er Wien und übersiedelte nach London, wo er 1759 starb.

Die österreichischen Hofjuden – wie auch alle anderen an den deutschen Höfen – kamen durch ihre wirtschaftlichen Beziehungen mit den gehobenen Schichten der Bevölkerung in steten Kontakt. Kein Wunder, daß sie sich im Lebensstil an diese angleichen wollten. Sie waren aber Juden und als solche nicht gleichberechtigt, selbst wenn sie über ein Stadtpalais verfügten. Ihre Privilegien und damit auch ihr Aufenthaltsrecht waren in der Regel auf 10–25 Jahre begrenzt. Sie konnten erneuert werden, mußten es aber nicht, wie das z.B. mit der Schwiegertochter Samuel Oppenheimers und ihrer Familie geschah. Die Erneuerungen waren immer mit der Bezahlung bedeutender Summen verbunden. Und dennoch standen die Hofjuden am Übergang zur Assimilation. Sie trugen nicht mehr die konventionelle Kleidung, sondern richteten sich nach der Mode der Zeit. Die Perücke ersetzte oft die herkömmliche jüdische Kopfbedeckung, wie u.a. auch aus Illustrationen jüdischer Pesachfeiern in den handgeschriebenen und illustrierten Pesach Haggadot hervorgeht. Diese Pesach-Haggadot und auch andere illustrierte religiöse Bücher waren die einzige Möglichkeit, das Kunstempfinden der Umgebung an die jüdischen Möglichkeiten anzupassen.

Doch weitergehende Angleichung fand noch vehementen Widerstand. Noch 1778 beschwerte sich Kardinal Erzbischof Migazzi bei der Hofkammer, weil der Hoffaktor Königsberger es gewagt hatte, in der Öffentlichkeit einen Degen zu tragen. Auch jüdischerseits sah man eine derartige Anbiederung an den Zeitgeist nicht gerne. In einer Pesach-Haggada, die Joseph ben David 1738 in Altona herstellte, wurde der ‚Frevler‘ unter den vier Söhnen, also eine ausgesprochen negativ bestimmte Gestalt, in barocker Kleidung mit gezücktem Degen dargestellt. Aber schon vier Jahre nach der Beschwerde Migazzis wurde im Toleranzpatent Josephs II. vom 2. Januar 1782 ausdrücklich „den Großhändlern und ihren Söhnen sowie den Honoratioren" das Degentragen erlaubt.

Einige Hofjuden hatten ihr Eintreten für eine merkantilistische Umgestaltung der Staaten, für deren Herrscher sie wirkten, mit schweren Nachteilen und Unannehmlichkeiten zu bezahlen. Am eindrucksvollsten zeigt dies das Schicksal des Josef Süß Oppenheimer, der derselben Großfamilie entstammte wie auch Samuel Oppenheimer in Wien. Er führte das Leben eines kunstsinnigen, erfolgreichen Kaufmanns und Bankiers mit Wohnungen in Frankfurt und Stuttgart, fühlte sich voll assimiliert und war bestrebt, das rein agrarische Württemberg zu einem für damalige Zeit modernen Land zu machen. Als

Kammeragent und Schatullenverwalter des Prinzen Karl Alexander von Württemberg (ab 1732) war er sowohl an der Industrialisierung als auch an der Kapitalisierung des Landes interessiert, was ihn in absoluten Gegensatz zu den Ständen brachte. Dieser Konflikt war auch die eigentliche Ursache für sein Scheitern. In Ludwigsburg errichtete er eine Porzellanmanufaktur und eine Seidenmanufaktur in Stuttgart. Durch eine von ihm gegründete Bank sollten die Geldgeschäfte zentral geregelt werden, und die Einführung einer Einkommensteuer sollte der Verbesserung der Staatsfinanzen dienen. Dem Prinzen Karl Alexander war er treu ergeben, und er war bemüht, die Mittel sowohl für die Hofhaltung als auch für eine stehende Armee durch seine reformatorischen Maßnahmen aus dem Lande aufzubringen. Dadurch aber galt er als Symbol für die Vernichtung der bisherigen ständischen Ordnung und wurde gleich nach dem plötzlichen Tod Karl Alexanders am 12. März 1737 verhaftet. Die schwersten Vorwürfe gegen ihn waren somit Hochverrat, Bruch der Verfassung, Schaffung von Monopolen etc. Während der Haft fand er zurück zum Judentum. Er wurde 1738 in Stuttgart durch den Strang hingerichtet. Das Schicksal des Jud Süß ist der deutlichste Beweis dafür, daß zu weit gehende Assimilationsgelüste für einen erfolgreichen Hofjuden schon deswegen gefährlich waren, weil die Umwandlung der vorhandenen ständisch bestimmten Gesellschaftsstruktur in eine merkantilistische von einem absoluten Herrscher zentral geleitet, nicht diesem, sondern dem in seinem Auftrag handelnden Hofjuden zur Last gelegt wurde.

Gegen Ende des 18. Jhs. besserten sich die rechtlichen Bedingungen, zunächst nur für die arrivierten Juden. Sie waren die ersten, die vom Geist der Aufklärung profitierten. 1779 erschien Lessings ‚Nathan der Weise‘, durch den mit dem überkommenen negativen Image des Juden gebrochen wurde. In der gebildeten Gesellschaft Berlins setzte sich Moses Mendelssohn als geistige Autorität durch. Das Toleranzpatent Josephs II. gab zwar den Juden Freiheiten, aber noch nicht die Freiheit. Ähnlich waren auch die Rechtsbestimmungen in den deutschen Ländern, z.B. 1812 in Preußen. Dennoch aber konnten gegen Ende des 18. Jhs. Juden sogar die Nobilitierung erreichen, ohne vorher zum Christentum übergetreten zu sein. Israel Hönig, der am 2. September 1789 für seine Verdienste um das Tabakmonopol in den Adelsstand erhoben wurde und den Titel Edler von Hönigsberg erhielt, war der erste österreichische Jude, der auch österreichischer Staatsbeamter mit dem Titel eines K. K. niederösterreichischen Regierungsrats werden konnte. Doch die Chancen für eine derartige Karriere führten letzthin auch zum Verlust der jüdischen Identität.

Es wäre falsch, das 17. und 18. Jh. nur von den Hofjuden, ihren wirtschaftlichen Möglichkeiten und ihrem Lebensstil her zu beurteilen. Obwohl es an allen deutschen Höfen Hofjuden und jüdische Kammeragenten gab, war die große Masse des Judentums rechtlich ungesichert und lebte oft in bitterer Armut. Man kann die Juden dieser Zeit in drei Gruppen unterteilen: 1. solche, die im Besitz eines Privilegiums und somit auch im Besitz einer Aufenthaltsbewilligung waren, 2. solche, die als Familienmitglieder oder Angestellte Teilhaber an den Privilegien der Privilegierten waren, und 3. solche, die kein Wohnrecht hatten und daher jederzeit damit rechnen mußten, ‚abgeschafft' zu werden.

17. Aufklärung, Toleranz, Emanzipation

Der Beginn der jüdischen Emanzipationsbewegung ist in den Niederlanden festzustellen, wo die eigentliche Geschichte der Juden erst gegen Ende des 16. Jhs. mit der Ankunft von Marranen aus der Iberischen Halbinsel begann. Bereits 1608 gab es in Amsterdam zwei jüdische Gemeinden. Seit 1615 wanderten aus Deutschland, das durch den Dreißigjährigen Krieg arg mitgenommen wurde, und aus der Ukraine wegen der Judenverfolgung des Kosakenführers Chmielnitzki im Jahre 1648 auch aschkenasische Juden in den Niederlanden ein. Die

äußeren Folgen des Gedeihens der jüdischen Gemeinden dort
zeigten sich in der besonders vielseitigen Bildung der nieder-
ländischen Juden. Hier ist an erster Stelle Manasse ben Israel
zu nennen, der 1604 in Lissabon geboren wurde und 1657 in
Middleburg starb. Er war von 1622 bis 1639 Rabbiner in
Amsterdam und machte sich besonders um die neuerliche
Zulassung von Juden in England verdient, von wo sie seit
1290 ausgewiesen waren. Den Großteil seiner Werke schrieb
er bereits in lateinischer, den kleinen Teil in hebräischer Sprache. Weiter noch in der Assimilation an die Kultur und Bildung der Zeit ging Baruch Spinoza, der 1632 in Amsterdam
geboren wurde und 1677 in Den Haag starb. 1656 wurde er
wegen seines pantheistischen Gottesbegriffs von der jüdischen
Gemeinde Amsterdams gebannt. Spinoza ist das typische Beispiel eines Juden, der aufgehört hat, in der Geborgenheit seiner Tradition zu leben, dafür aber Anschluß fand an die welt-
liche Bildung seiner Zeit.

Diskussionen um die bürgerliche Integration der Juden gab
es in England schon zu Beginn des 18. Jhs. John Toland verfaßte 1714 seine ‚Reasons for Naturalizing the Jews'. 1753
billigten in London beide Häuser die ‚Naturalizing Bill', die
aber auf Druck der öffentlichen Meinung wieder zurückgenommen werden mußte.

Die Emanzipation der Juden war einerseits ein staatsrechtli-
cher Akt der die Juden emanzipierenden Staaten und Völker
und andererseits ein innerjüdischer Vorgang, der einen Wan-
del des jüdischen Selbstverständnisses voraussetzte. Diese beiden Aspekte müssen streng auseinandergehalten werden. Das
Leben im Ghetto war zwar den Juden aufgezwungen, aber es
bedeutete auch Schutz vor Einflüssen von außen. Solange die
innere jüdische Wertskala hielt, konnte man alle Anfeindungen und Schikanen verstehen als Strafe für ‚unsere zahlreichen
Sünden'. Außerhalb der schützenden Ghettomauern war man
ihnen unmittelbar ausgesetzt, weil nicht mehr die inneren
Werte des Judentums, sondern die Wertvorstellungen der Umgebung das Selbstverständnis der emanzipierten Juden bestimmten.

Die Staatsraison im Sinne des aufgeklärten Absolutismus förderte die fortschreitende Gleichstellung der einzelnen Juden mit der sie umgebenden Bevölkerung, hatte aber wenig Verständnis und noch weniger Sympathie für das Judentum in seiner historisch bestimmten Struktur. Ein in dieser Hinsicht programmatisches Werk wurde von einem hohen preußischen Beamten verfaßt, vom Kriegsrat im Departement für auswärtige Angelegenheiten in Berlin, Christian Wilhelm Dohm (1751–1820). Er verfaßte das bekannte Werk ‚Über die bürgerliche Verbesserung der Juden‘, Berlin und Stettin 1781, 2. Aufl. 1783. Schon der Titel des Buches enthält beide Aspekte. Die Juden sollen bürgerlich bessergestellt werden, wodurch sich auch ihr Image und ihre Stellung verbessern sollte. Dohm wollte zunächst eine jüdische Geschichte schreiben. Statt diesen Plan zu verwirklichen, legte er 1781 nur diese kleine Schrift vor, die zu zeigen bezweckte, „wie die Juden nützlichere Glieder der bürgerlichen Gesellschaft werden könnten", wodurch sie selbst „glücklicher und für unsere Staaten brauchbarer" werden sollten. Auch Dohm ging zunächst davon aus, daß das Judentum in seiner bisherigen Struktur, die nach seiner Meinung allerdings nicht durch die Juden, sondern durch die sie an einer freien Entwicklung hindernden ‚Wirtsvölker‘ verschuldet wurde, für die bürgerliche Gesellschaft noch ungeeignet sei. Bereits bei Dohm wurde über jeden Zweifel klar, daß es das Ziel der Aufklärung war, die einzelnen Juden und nicht das Judentum zu emanzipieren. Die Emanzipation des Judentums sollte gleichzeitig zum Friedhof für das Judentum werden! Diese nunmehr veränderten, in die nichtjüdische Gesellschaft integrierten Juden werden dann auch keinen Anlaß für antijüdische Ressentiments mehr geben. Wörtlich formulierte Dohm: „Mit der sittlichen Verbesserung der Juden müßte aber dann auch die Bemühung, den Christen ihre Vorurteile und ihre lieblose Gesinnung zu benehmen, im gleichen Schritt gehen. Früh in der Jugend müßten sie schon gelehrt werden, die Juden wie ihre Brüder und Mitmenschen zu betrachten."

In dieselbe Richtung ging auch die Toleranzgesetzgebung von Kaiser Joseph II. Das Toleranzpatent für seine jüdischen Untertanen in der Haupt- und Residenzstadt Wien vom 2. Januar 1782 sowie die Patente für die Juden in anderen Kronländern hatten die Tendenz, die jüdischen Besonderheiten auszulöschen und die einzelnen Juden in die Umgebung als ‚nützliche Staatsbürger‘ zu integrieren. Diesem Ziel dienten auch die bildungspolitischen Maßnahmen Josephs II. wie auch flankierende Maßnahmen zum Toleranzpatent, so z.B. das Patent vom 23. Juli 1787, das den Juden vorschrieb, bestimmte Geschlechts- und Vornamen anzunehmen, und die Rabbiner beauftragte, die Matrikel in deutscher Sprache zu führen. Durchaus richtig faßte Hofrat Karl von Widmann den josephinischen Standpunkt vom 29. Dezember 1818 mit folgenden Worten zusammen: „Weiland Kaiser Joseph II. hatte bald nach dem Antritt seiner Regierung zu erkennen gegeben: Seine Absicht gehe nicht dahin, die jüdische Nation in den Erblanden mehr auszubreiten oder da, wo sie nicht toleriert ist, neu einzuführen, sondern nur da, wo sie ist, und in dem Maße, wie sie als toleriert besteht, dem Staate nützlich zu machen! In diesem Geiste wurde auch unter E. M. Regierung fortgefahren ... indem man sich ... zum Ziele setzte, das Universum der Judenschaft unschädlich, die Individuen aber nützlich zu machen." Deutlicher als hier konnte die Judenpolitik des aufgeklärten Absolutismus nicht mehr formuliert werden!

Die Annahme der weltlichen Bildung und die Verwendung der hochdeutschen Sprache entfremdeten aber die Juden immer mehr von ihrer Tradition, was nicht nur eine Krise, sondern auch eine Aufgabe der jüdischen Identität bedeutete. Konnte Moses Mendelssohn (1729–1786) in der 2. Hälfte des 18. Jhs. noch eine Synthese von traditioneller und weltlicher Bildung repräsentieren und dem Zürcher Theologen Johann Caspar Lavater gegenüber seinen Verbleib im Judentum begründen – seine Enkelkinder waren alle getauft. Mendelssohn wußte, daß ohne Gebrauch der reinen deutschen Sprache die Juden aufgrund ihrer Mundart niemals als gleichberechtigte

Bürger akzeptiert würden. Daher übersetzte er die Bibel ins Hochdeutsche. Damit sie aber von den Juden leichter gelesen werden könnte, veröffentlichte er seine hochdeutsche Pentateuchübersetzung mit hebräischen Buchstaben. In dieselbe Kerbe schlug Hartwig Wessely (Naphtali Herz Weisel), der auch in einem Sendschreiben ‚Dibhre Schalom we'emet' (Worte des Friedens und der Wahrheit) das Toleranzpatent Josephs II. enthusiastisch begrüßte. Jechezqel Landau, der Oberrabbiner von Prag, war beiden gegenüber skeptisch. Was die Bibelübersetzung Mendelssohns betrifft, meinte er, daß so „unsere Tora zu einer Magd würde, die der deutschen Sprache diente". Und gegen Wesselys ‚Worte des Friedens und der Wahrheit' wandte er sich gleich nach dem Erscheinen in einer Predigt am Sabbat vor Pesach 1782.

Auch die jüdischen Religionsbücher sollten der Integration des Judentums in die es umgebende Bevölkerung dienen. Auch dafür nur ein Beispiel: Im Auftrag der Regierung verfaßte Herz Homberg ein Religionslehrbuch in deutscher Sprache mit dem hebräischen Titel ‚Bne Zion' (Söhne Zions), das im amtlichen Schulbuchverlag, „im Verlagsgewölbe des k.k. Schulbücherverschleißes bey St. Anna in der Johannisgasse", erschien. Statt des Verfassernamens enthielt es ein „Dekret der k.k. Studien-Hof-Commission vom 14. Dezember 1810", darin angeordnet wurde, daß „dieses Lehrbuch in allen jüdischen Schulen der deutschen Erbstaaten als gesetzliches Lehrbuch eingeführt" wird. In diesem Lehrbuch findet sich kein Hinweis mehr auf die messianischen und nationalen Hoffnungen des Judentums, dafür aber wurden die Eltern verpflichtet, ihre Kinder gegen Pocken impfen zu lassen. Die einzelnen Juden wurden aufgefordert, treue Steuern zahlende und auch Kriegsdienst leistende Untertanen zu sein.

Die neuen Freiheiten und Bildungsmöglichkeiten schufen ein neues jüdisches Heimatgefühl in jenen Ländern, die sie bisher als Gola/Galut, d.h. Verbannung fern vom Lande Israel, empfanden. Die messianische Erwartung wurde schal angesichts der Möglichkeit, die die Gegenwart bot. So heißt es in einem Aufruf der Berliner ‚Reformgenossenschaft' vom

2. April 1844: „Unsere innere Religion, der Glaube unseres Herzens, ist nicht mehr im Einklang mit der äußeren Gestaltung des Judentums. Wir wollen positive Religion, wir wollen Judentum … Aber wir wollen die Hl. Schrift auffassen nach ihrem göttlichen Geist, nicht nach ihren Buchstaben. Wir können nicht mehr beten mit wahrhaftem Munde um ein irdisches Messiasreich, das uns aus dem Vaterlande, dem wir mit allen Banden der Liebe anhängen, wie aus einer Fremde heimführen soll in unserer Urväter Heimatland. Wir können nicht mehr einen Kodex als unveränderliches Gesetzbuch anerkennen, der die Aufgabe des Judentums bestehen läßt in unnachsichtigem Festhalten an Formen, die einer längst vergangenen und für immer entschwundenen Zeit ihren Ursprung verdanken."

Ein wesentlicher Schritt hin zu dieser Entwicklung war zunächst die Feier der jüdischen Liturgie nicht mehr in hebräischer, sondern in deutscher Sprache. Während diese Entwicklung in Österreich gefördert wurde, stieß sie in Preußen auf Widerstand seitens der Regierung. Die Liturgie der katholischen Staatsreligion in Österreich war lateinisch, deutsch war die Liturgiesprache des tolerierten Protestantismus, somit konnten die ebenfalls tolerierten Juden auch ihre Liturgie in der Landessprache feiern. In Preußen aber war Deutsch die Liturgiesprache der evangelischen Staatsreligion; den Juden eine deutsche Liturgie zu gestatten, hätte eine Gleichrangigkeit mit dem Protestantismus bedeutet.

Ein Mittel zur Durchsetzung der Emanzipation sollte auch die sogenannte ‚Wissenschaft vom Judentum' sein. Das negative Bild vom Judentum, das so gut wie alle Christen hatten, die von der jüdischen Tradition und Kultur nichts wußten, sollte korrigiert werden durch wissenschaftliche Veröffentlichungen über Geschichte, Kultur, Liturgie und Philosophie des Judentums.

Die ‚Wissenschaft vom Judentum' war auch nicht imstande, das jüdische Identitätsbewußtsein auf Dauer zu stärken. Die Tradition hielt nur mehr in jenen Kreisen, die noch voremanzipatorisch dachten. Auch der Versuch von Samson Raphael

Hirsch (1808–1888), Bildung und Orthodoxie auf einen Nenner zu bringen, begeisterte nicht die Massen. Heinrich Heine hatte wohl recht, wenn er die Taufe als ‚Entreebillett in die europäische Kultur‘ bezeichnete.

18. Antisemitismus im 19. Jahrhundert

Die napoleonische Zeit brachte für die Juden in etlichen deutschen Teilstaaten eine weitgehende bürgerliche Gleichstellung. Die Judenfrage spielte daher auch 1815 eine wichtige Rolle auf dem Wiener Kongreß. So kam es zu folgendem Beschluß: „Die Bundesversammlung wird in Beratung ziehen, wie auf eine möglichst übereinstimmende Weise die bürgerliche Verbesserung der Bekenner jüdischen Glaubens in Deutschland zu bewirken sei, und wie insonderheit denselben der Genuß der bürgerlichen Rechte gegen die Übernahme aller Bürgerpflichten in den Bundesstaaten werde gesichert werden können. Jedoch werden den Bekennern dieses Glaubens bis dahin dieselben in den Bundesstaaten bereits eingeräumten Rechte erhalten.“ Doch die Formulierung „in den Bundesstaaten“ wurde korrigiert in „von den Bundesstaaten“. Das heißt: Die Rechte, die unter napoleonischem Einfluß gewährt wurden, wurden wieder zurückgenommen, der Status quo ante wurde wiederhergestellt.

Die Diskussion um die jüdischen Bürgerrechte hatte eine weitausladende antijüdische Publizistik zur Folge. In Berlin veröffentlichte der Universitätsprofessor Friedrich Ruehs noch 1815 ein Buch mit dem Titel: ‚Über die Ansprüche der Juden an das deutsche Bürgerrecht‘. Juden können demnach in einem christlichen Staat keine Bürgerrechte erhalten, sie können nicht den christlich-deutschen Zünften beitreten und auch keine Funktionen einnehmen im Heer oder in der Staatsverwaltung. Als grundsätzlich Fremde sollen sie Schutzgeld bezahlen und Judenabzeichen tragen. Ein weiteres Buch, das der Uni-

versitätsprofessor Jakob Fries 1816 in Heidelberg veröffentlichte, läßt schon durch den Titel seine Zielsetzung erkennen:
‚Über die Gefährdung des Charakters und des Wohlstands der
Deutschen durch die Juden'. Neben derartigen ‚theoretischen'
Abhandlungen über die Judenfrage blühte der Vulgärantise-
mitismus, der sich u.a. in Bühnenstücken wie ‚Die Juden-
schule' äußerte. Hand in Hand mit dem Antisemitismus entwickelte sich der deutsche Nationalismus. Zur Zeit der Be-
freiungskriege gegen Napoleon und in den ersten Jahren nach
dem Wiener Kongreß war der ‚Turnvater' Friedrich Ludwig
Jahn (1778–1825) einer derer, die in Deutschland den Mythos
vom Volk schufen. Demnach kommt den Deutschen eine vom
Wesen her positive Funktion zu, von der sich die der Juden
nur negativ abheben kann.

Die Verbindung von Deutschnationalismus und Judenhaß
führte zu den Judenverfolgungen in Deutschland im Jahre
1819, die mit dem berüchtigten Ruf ‚Hepp, hepp' verbunden
waren. Der äußerste Exponent eines derartigen Judenhasses
war Hartwig von Hundt-Radowsky, der 1819 in Würzburg
das Pamphlet ‚Judenspiegel – Ein Schand- und Sittengemälde
alter und neuer Zeit' herausgab. Hundt-Radowsky war der
erste ausgesprochene Rassenantisemit, auch wenn dieser Begriff zu seiner Zeit noch nicht existierte. Selbst der Begriff der
Rassenschande wurde schon von Hundt-Radowsky vorwegge-
nommen. So meinte er: „Wenn manche übrigens den erbli-
chen und specifischen Judengeruch für Vorurteil oder Erdich-
tung ausgeben, so ist das ein Beweis, daß sie entweder Juden-
genossen oder mit ihren Rassen zerfallen sind." Judentaufen
sind daher zu vermeiden. Der Abschnitt 14 des Judenspiegels
hatte den eindeutigen Titel: ‚Betrachtungen über Verbesserung, Ausrottung und Vertreibung der Juden'. Auch hier nä-
herte er sich theoretisch bereits der nationalsozialistischen
‚Endlösung der Judenfrage'. Er formulierte: „Am besten wäre
es jedoch, man reinigte das Land ganz von diesem Ungeziefer,
und hierzu gibt es gleichfalls zwei Mittel. Entweder sie durchaus zu vertilgen, oder sie auch wie Pharao ... vom Lande
hinauszujagen." Hier zeigt sich bereits an, was mehr als

100 Jahre später zum gezielten und industriell durchgeführten Massenmord an den europäischen Juden führte.

Doch zunächst handelte es sich nur um eine Extremposition. Für die praktische Situation in Deutschland im Vormärz, besonders in Preußen, war eine Schrift von Karl Streckfuß paradigmatisch, die er nannte: ‚Über das Verhältnis der Juden zu den christlichen Staaten', Halle 1833. Streckfuß war Geheimer Oberregierungsrat und Judenreferent im preußischen Staatsministerium. Er unterschied drei Gruppen innerhalb der jüdischen Bevölkerung: 1. Emanzipierte, gebildete und wohlhabende Juden, die in den meisten Fällen nicht mehr auf die Ausübung ihres Ritualgesetzes bedacht sind, auch wenn sie noch nicht offiziell aus der jüdischen Religionsgemeinschaft ausgetreten sind. Sie ließen aber schon ihre Kinder taufen. Daher sind jetzt – im Jahre 1833 – die Mendelssohns und Friedländer Christen. 2. Orthodoxe traditionsverbundene Juden, die ihren eigenen Jargon sprechen und meistens den unteren Gesellschaftsschichten angehören. Diese und nicht die erste Gruppe sind Gegenstand der Ablehnung. 3. Ungebildete, aber dafür eingebildete Neureiche. Die Gleichstellung aber muß sich nach der Gesamtheit richten und kann daher auf solche Differenzierungen nicht Rücksicht nehmen. Daher wäre auch die völlige Gleichstellung der 2. und 3. Gruppe dazu angetan, „ihre tief eingewurzelten Eigentümlichkeiten zur Beschwerde und zum Schaden der übrigen Staatsangehörigen ferner zu pflegen und auszubilden". Seine Akzeptanz nur der ersten Gruppe gegenüber liegt noch ganz in der Linie aufgeklärter Judenpolitik. Juden, die ihr Identitätsproblem durch Aufgaben ihres Judentums gelöst haben, können in die bürgerliche Gesellschaft integriert werden. Alle anderen, die ihr Judentum ernst nehmen, sollen weiterhin ausgeschieden bleiben.

Auch die frühen Sozialisten hatten kein Verständnis für das Judentum an sich. So meinte Bruno Bauer 1843 in ‚Zur Judenfrage', daß die Juden kein Recht auf Emanzipation hätten. Die Juden sind nur ein Volk, weil sie sich einbilden, eines zu sein. Sie müßten sich freimachen von ihrer eingebildeten Religion und Nationalität, dann erst hätten sie Anspruch auf Emanzipation. Noch im selben Jahr 1843 antwortete ihm Karl Marx mit einer Schrift, die er ebenfalls ‚Zur Judenfrage' nannte. Er teilte zwar die antijüdischen Vorurteile Bauers, aber er trat für die Emanzipation der Juden ein, nicht, weil er für die besondere Existenz des Judentums Verständnis gehabt hätte, sondern weil die Juden für ihn ein Argument gegen die These eines christlichen Staates waren. Waren die Juden für die christlich-konservativen Kreise Religionsmaterial, so waren sie für die frühen Sozialisten Politikmaterial. Verständnis für das Judentum an sich gab es weder da noch dort. Die Hoffnungen von Leopold Zunz, daß das Judentum aufgrund seiner geistigen Werte angenommen werde, erfüllten sich nicht.

Trotzdem aber war die Entwicklung, wie sie sich besonders durch die Vorgänge im Revolutionsjahr 1848 angebahnt hatte, dazu angetan, zur vollen bürgerlichen Gleichstellung des Judentums zu führen, die in Österreich-Ungarn 1867 und in Deutschland 1869 erreicht wurde. Dagegen aber regte sich eine neue Form von Antisemitismus. Aufgrund vulgärdarwinistischer Vorstellungen wurden die Juden zu solchen diabolisiert, die nicht mehr allein durch ihre Religion, sondern wesentlich durch ihre rassischen blut- und erbbedingten Eigenschaften der Gegenpol zu den rassisch hochwertigen nordischen Germanen sind. Diese müssen durch sexuelle Verbindung mit Juden eine Bastardisierung ihrer physischen Existenz befürchten. Auch hier nur einige Namen und ihre wichtigsten antijüdischen Veröffentlichungen: Wilhelm Marr, ‚Der Sieg des Judentums über das Germanenthum – Vom nicht confessionellen Standpunkt aus betrachtet'. Vae Victis, Bern 1879; Eugen Dühring, ‚Die Judenfrage als Frage der Racenschädlichkeit für Existenz, Sitte und Cultur der Völker', Berlin 1880; Eugen Dühring, ‚Der Ersatz der Religion durch Vollkommeneres und die Ausscheidung alles Judentums durch den modernen Völkergeist', Karlsruhe 1883. Nach Dühring sind die Rassenunterschiede bei den Menschen wie bei den Tieren physiologisch aufzufassen. Daher steht eine Menschheitsform niedriger als eine andere. Wörtlich formulierte er: „Mensch ist auch der Jude, aber auf bloßes Menschsein können wir beim besten Willen nicht viel geben." Edle Menschlichkeit in höchster Form ist eine Rasseneigenschaft der Germanen, daher wäre es falsch, die Juden nur deswegen gleichzustellen, weil sie Menschen sind.

1880 brach in Deutschland eine regelrechte antisemitische Welle aus. Ausgelöst wurde sie durch eine Rede des Hofpredigers Adolf Stöcker am 19. September 1879 in der ‚Christlichsozialen Arbeiterpartei' in Berlin. Er hatte sie unter das Motto ‚Unsere Forderungen an das moderne Judentum' gestellt. Der Historiker Heinrich Treitschke als Vertreter der gebildeten Schichten stieß in das gleiche Horn. Am 15. November 1879 schrieb er in den Preußischen Jahrbüchern: „Keine deutsche Handelsstadt, die nicht viele ehrenhafte, achtungswerthe, jüdische Firmen zählte, aber unbestreitbar hat das Semitentum an dem Lug und Trug, an der frechen Gier des Gründer-Unwesens einen großen Anteil, eine schwere Mitschuld an dem schnöden Materialismus unserer Tage, die jede Arbeit nur noch als Geschäft betrachtet und die alte gemütliche Arbeitsfreudigkeit unseres Volkes zu ersticken droht." In dieser Broschüre formulierte Treitschke auch den verhängnisvollen Satz: „Die Juden sind unser Unglück", der dann von der nationalsozialistischen Hetzzeitschrift ‚Der Stürmer' als Motto gewählt wurde. Höhepunkt dieser antisemitischen Welle war die ‚Antisemitenpetition' an Fürst Bismarck, die im Frühjahr 1881 mit etwa 250000 Unterschriften eingereicht wurde. Darin hieß es: „Seit längerer Zeit sind die Gemüter ernster vaterlandsliebender Männer aller Stände und Parteien durch das Überwuchern des jüdischen Volkselements in tiefe Besorgnis versetzt ... Es handelt sich jetzt nicht mehr um eine Gleichstellung der Juden mit uns, sondern um eine Verkümmerung unserer nationalen Vorzüge durch das Überhandnehmen des Judentums, dessen steigender Einfluß aus Rasseeigentümlichkeiten entspringt, welche die deutsche Nation weder annehmen will noch darf, ohne sich selbst zu verlieren ... Wie das Judentum eine tatsächliche Macht ist, so kann es auch durch reelle Machtmittel bekämpft werden." Aus den hier gewählten Formulierungen geht die Überzeugung hervor, daß die rassisch bedingten Eigenschaften der Deutschen durch die ebenfalls rassisch bedingten Eigenschaften der Juden bedroht seien und daß daher die Machtmittel des Staates gegen eine derartige Bedrohung des genuin deutschen Wesens eingesetzt werden müßten. Im Nationalsozialismus führte solches Gedankengut zur mörderischen Konsequenz.

Ein weiteres ideologisches Hauptwerk des deutschnational betonten Rassenantisemitismus war Houston Stewart Chamberlains ‚Grundlagen des 19. Jahrhunderts'. Als Schwiegersohn Richard Wagners beeinflußte er wohl auch dessen Antisemitismus mit.

Der Antisemitismus war somit zum Werkzeug politischer Agitation geworden. Das war in Deutschland nicht anders als in Österreich. So wie sich der Hofprediger Adolf Stöcker erst nach einer Wahlniederlage im Jahre 1878 des Antisemitismus bediente, so machte es auch sein katholisch-österreichisches Pendant, Dr. Karl Lueger, allerdings mit wesentlich mehr Erfolg. In Österreich bedeutete die Aufhebung der Zensur im Revolutionsjahr 1848 nicht nur die Möglichkeit für viele Juden, sich publizistisch zu exponieren, sondern es erschienen auch antisemitische Pamphlete und Flugblätter. So trat z.B. Sebastian Brunner, der Gründer und Herausgeber der Wiener Kirchenzeitung, die seit dem 15. April 1848 erschien, für die Wiederherstellung einer vorliberalen ständischen Gesellschaftsordnung ein und rief daher zum Kampf gegen den Judenliberalismus auf, der „die Moral und den Wohlstand des Volkes" untergrabe. Auch Brunners Nachfolger als Herausgeber der Wiener Kirchenzeitung, Wiesinger, setzte den verhaßten Liberalismus mit Judentum gleich.

Karl Vogelsangs Ideen eines christlich-sozialen Antisemitismus wurden zu Wahlkampfparolen Dr. Karl Luegers, als dieser die politische Brisanz des Antisemitismus erkannte. Für ihn war der Antisemitismus lediglich politisches Werkzeug. Er verstand es meisterhaft, den kleinbürgerlichen antiliberalen und antikapitalistischen Antisemitismus zu nutzen. Im Jahre

1888 schlossen sich für die Wiener Gemeinderatswahlen alle antisemitischen Gruppen zur Partei der ‚Vereinigten Christen‘ zusammen. Ihr Ziel war die Lösung der sozialen Frage durch den Antisemitismus. Da man nicht bereit war, die Gegenwart und ihre Voraussetzungen richtig zu analysieren, bot der Antisemitismus die griffigste Erklärung für die eigene wirkliche oder befürchtete wirtschaftliche Misere. So lautete ein Wahlspruch für die Wahl von 1888: „Eine Lösung der sozialen Frage ist nur möglich durch eine Lösung der Judenfrage." Kaiser Franz Joseph und die katholische Hierarchie waren von dieser Entwicklung nicht angetan. Der Kaiser weigerte sich, trotz Wahlsiege der Christlichsozialen für den Wiener Gemeinderat 1895 und 1896 Dr. Karl Lueger als Bürgermeister zu bestätigen. Die Bestätigung erfolgte dann 1897. Dr. Karl Lueger wurde ein erfolgreicher Kommunalpolitiker. Mit der Erreichung seines Zieles wurde der Antisemitismus für ihn gegenstandslos.

Weitere Antisemiten in den letzten Jahrzehnten des 19. Jhs. in Österreich waren der mystische Spinner Jörg Lanz von Liebenfels, der in seinen Ostara-Heften einen Rassenkampf „bis auf das Kastrationsmesser" forderte, und der großdeutsche Georg Ritter von Schönerer, der schon 1879 den Antisemitismus zum politischen Programm machte. Am 28. April 1887 bezeichnete er im Parlament den Antisemitismus als „Grundpfeiler des nationalen Gedankens, als Hauptforderung echt volkstümlicher Gesinnung, somit als die größte Errungenschaft dieses Jahrhunderts". Schönerer fand vor allem Anhänger bei den deutschnationalen schlagenden Studentenverbindungen. So hatte die Burschenschaft ‚Libertas‘ schon im Wintersemester 1878/79 für ihre Mitglieder den Arierparagraphen eingeführt. Vertreter des sich weiterhin religiös motivierenden Antisemitismus waren der Prager Theologieprofessor August Rohling und der Pfarrer von Wien-Weinhaus, Josef Deckert. Rohling wurde in zweierlei Hinsicht bekannt: Durch sein Pamphlet ‚Der Talmudjude‘ (erste Auflage Münster 1871) und durch seine Ehrenbeleidigungsklage gegen den Wiener Reichstagsabgeordneten und Floridsdorfer Rabbiner Dr. Josef

Samuel Bloch. Das Werk ist nur eine verkürzte Fassung von Eisenmengers ‚Entdecktes Judentum' und seine Ehrenbeleidigungsklage gegen Dr. Bloch, die vom 18. November 1895 an prozessual verhandelt werden sollte, zog er kurz vor Beginn des Prozesses zurück, weil Dr. Bloch recht hatte, als er Rohling öffentlich vorwarf, nicht eine Seite aus dem Talmud richtig lesen zu können. Pfarrer Josef Deckert verbreitete wie Rohling noch in den 90er Jahren das Ritualmordmärchen in Wort und Schrift und meinte sogar, daß eine Widerlegung ein „verdeckter Angriff auf die katholische Kirche" sei. Sein Kronzeuge war Simon von Trient (s. S. 54).

Der Antisemitismus war nicht auf den deutschsprachigen Raum beschränkt, besonders in Frankreich war er im 19. Jh. in konservativ-royalistischen Kreisen vertreten. Als jüdische Schutzorganisation wurde 1860 die Alliance Israelite Universelle gegründet, die durch Schulgründungen im Osmanischen Reich auch sonst zur Hebung des jüdischen Selbstbewußtseins beitrug. Einer der aktivsten Antisemiten in Frankreich war Eduard Drumont, der Verfasser von ‚La France Juif', 1886, und Herausgeber von ‚La Libre Parole'. In ‚La France Juif' beklagte er den schädlichen Einfluß der Juden auf Frankreich und plädierte für eine soziale Revolution durch Aufteilung des jüdischen Besitzes. Die ‚Libre Parole' war das antisemitische Hetzorgan mit der größten Breitenwirkung zur Zeit des Prozesses gegen den Kapitän im Generalstab Alfred Dreyfus, der 1894 verurteilt, 1895 auf die Teufelsinsel deportiert wurde und nach Erweis seiner Unschuld 1906 alle bürgerlichen Rechte zurückerhielt, rehabilitiert wurde und das Kreuz der Ehrenlegion erhielt. Ein weiterer Träger des katholisch-konservativen Antisemitismus war die ‚Action française', die während des 2. Weltkrieges mitverantwortlich war für antijüdische Maßnahmen der Vichy-Regierung.

War man bis zur Periode der Emanzipation gegen die Juden, weil sie anders waren, so nunmehr seit dem 19. Jh., weil sie nicht mehr anders, sondern gleich sein wollten. Bis zur Aufklärung wollte man die Juden durch die Taufe ihrem angestammten Milieu entfremden, die Aufklärung versuchte es durch die Bildung. Viele Juden nahmen dieses Angebot dankbar an und identifizierten sich mit den Ländern und Völkern, in deren Mitte sie lebten, mehr als mit ihrer eigenen Tradition. Sowohl die bis in die Bibel zurückreichende Vergangenheit als auch die erwartete messianische Zukunft wurde für sie obsolet. Sie verstanden sich im vollen Sinn des Wortes als Deutsche, Österreicher, Franzosen etc. Aber die Eingliederung in die Wirtschaft und Kultur, so fruchtbar sie auch für Juden wie für Nichtjuden war, schaffte Probleme. Das 19. Jh. war das Jahrhundert gewaltiger wirtschaftlicher, gesellschaftlicher und technischer Umwälzungen. Bürger begannen sich immer mehr am wirtschaftlichen Aufschwung zu beteiligen.

Die Juden waren nicht in die ständische Wirtschaft eingegliedert, für die die schon von den Hofjuden begründeten Manufakturen eine harte und gefährliche Konkurrenz bedeuteten. Im 19. Jh. verstärkte sich diese Problematik um ein Vielfaches, nachdem die Eisenbahnen die rasche Überwindung auch größerer Entfernungen ermöglicht hatten. Aus dem wirtschaftlich unterentwickelten Osteuropa zog es viele Juden in die sich entwickelnden Zentren in Mittel- und Westeuropa. Die liberale Wirtschaftsordnung, für die die ständisch organisierten Handwerker zu schwerfällig waren, bot gerade den Juden die besten Möglichkeiten zur wirtschaftlichen Entwicklung. Von dorther ist es verständlich, daß die wirtschaftlich Gefährdeten Judentum und Liberalismus gleichsetzten. Sie analysierten nicht die Voraussetzungen des neuen Zeitalters, sondern meinten, mit antisemitischen Maßnahmen das liberale Wirtschaftssystem zu treffen. Die Juden als Exponenten des Zeitgeistes sollten bekämpft werden, ohne daß man gegen diesen Zeitgeist überhaupt etwas tun konnte. Dazu kam, daß trotz aller Emanzipation und Gleichheit vor dem Gesetz Juden zu den etablierten Berufen des Beamtentums, des Heeres und des Rechtswesens kaum – wenn überhaupt – Zutritt bekamen. Als Lehrer konnten sie sich – und auch da meistens nicht als Ordinarien – fallweise nur an den Universitäten durchsetzen. Mit dem starken Anstieg der jüdischen Bevölkerung durch Zuwanderung aus Osteuropa und dem

111

Bildungsdrang dieser Neuankömmlinge stieg unweigerlich ihr prozentualer Anteil in den freien Berufen, besonders als Ärzte, Rechtsanwälte, Künstler und Journalisten. Mit anderen Worten: In den zukunftsträchtigen Berufen gab es eine starke jüdische Konkurrenz, die in den altetablierten Berufen nicht zu spüren war. Der Erfolg jüdischer, nicht durch ständische Vorstellungen bestimmter Erzeuger und Handelsleute, die die Gesetze liberaler Wirtschaft zu nutzen wußten, machte antisemitische Propaganda für viele Wählerkreise attraktiv.

Eine neue Facette in der 2. Hälfte des 19. Jhs. bot der rassische Antisemitismus. Die Juden wurden nicht wegen ihres Unglaubens, sondern wegen ihrer biologischen Substanz bekämpft. Auch diese sich besonders in Deutschland auswirkende Komponente des Antisemitismus hat nicht nur in Deutschland, sondern auch in Frankreich ihre ideologischen Voraussetzungen. Graf Joseph Arthur von Gobineau verfaßte den berüchtigten ‚Essai sur l'inégalité des races humaines‘, der 1853–1855 in Paris erschien. Nur die Weißen, insbesondere die Germanen, galten ihm als schöpferisch, ihr Gegenstück sind die Semiten, besonders die Juden, denen er jedwede schöpferische Begabung absprach. Die Rassentheorie enthält auch Elemente eines Vulgärdarwinismus, der zwischen höherwertigen und minderwertigen Menschenrassen unterschied. Die Deutschen als Germanen teilten sich dabei selbst den höchsten Wert zu, während sie auf dem untersten Ende der Wertskala die Juden ansiedelten. Wenn man vom religiösen negativen Bild des Judentums, das die Juden zu Agenten des Teufels machte, einen Bogen zieht bis hin zum rassischen Antisemitismus, muß man von einem Gestaltwandel des Antisemitismus sprechen. Er paßt sich allen neuen historischen Bedingungen an. Ist der Teufel nicht der Vater der Juden (Jo 8,44), dann steckt er wenigstens in ihrem Blut.

19. Vom Rassenhaß zum Völkermord

Ein Handbuch des modernen Antisemitismus sind die ‚Protokolle/Geheimnisse der Weisen von Zion‘, die die Juden als Verschwörer schlechthin darstellen. Sie fanden zunächst zu Beginn des 20. Jhs. im zaristischen Rußland, nach 1918 durch Übersetzungen weltweite Verbreitung. Nach den eigenen Angaben der Fälscher der ‚Protokolle‘ sollen sie Geheimakten sein, die von einer Oppositionsgruppe unter dem hebräischen Schriftsteller Achad Ha'am am ersten Zionistenkongreß in Basel vom 29.–31. August 1897 verhandelt wurden. Tatsächlich aber handelt es sich um eine Fälschung des russischen zaristischen Geheimdienstes, der den Antisemitismus als Waffe gebrauchen wollte, Demokratisierungstendenzen in Rußland zu verhindern. Zwei literarische Quellen liegen den ‚Protokollen‘ zugrunde: ein 1864 gegen Napoleon III. verfaßtes Pamphlet von Maurice Joly ‚Dialogue aux Enfers entre Machiavel et Montesquieu‘, Brüssel 1864, und der Roman ‚Biariz‘, Berlin 1868, von John Retcliffe. Diesen Namen führte als Pseudonym der konservative Journalist Hermann Goedsche.

Der Inhalt der ‚Protokolle‘ gibt Hinweise auf die Herkunft der Fälschung. Vielfach finden sich Lobgesänge auf den Adel. Die Feinde des Verfassers sind Revolutionäre und Demokraten. Deutlich hörbar ist der Ruf nach Ordnung, nach einem antidemokratischen Herrscher oder Diktator. So heißt es z.B. in der dritten Rede: „Das Volk hat unter unserem Einfluß die Herrschaft des Adels zerstört. Dieser war ... der natürliche Verteidiger und Ernährer des Volkes." Oder in der fünften Rede: „Solange die Völker noch zu ihren Fürsten wie zu einer Offenbarung des göttlichen Willens aufschauten, beugten sie sich willig unter die Selbstherrschaft der Könige. Als wir ihnen aber den Gedanken von ihren eigenen Rechten einflüsterten, begannen sie, in den Königen nur noch gewöhnliche Sterbliche zu sehen. Das Gottesgnadentum verlor in den Augen des Volkes jede Bedeutung. Als wir ihm den Glauben an

Gott geraubt hatten, sank die Macht der Krone auf die Straße. Hier haben wir sie als öffentliches Eigentum aufgegriffen ... Im Laufe von zwanzig Jahrhunderten haben wir bei allen Nichtjuden die persönlichen und völkischen Gegensätze, den Rassen- und Glaubenshaß eifrig geschürt ... Heute können die Mächte nicht einmal das kleinste Übereinkommen untereinander abschließen, ohne daß wir im geheimen unsere Hand dabei im Spiel haben." Durch derartige Formulierungen sollten antidemokratische und reaktionäre Angstgefühle vor den Juden als geheimer Weltmacht geweckt werden.

In Deutschland fanden die ‚Protokolle' besonders nach dem Ersten Weltkrieg reichlichen Zuspruch. Durch die Niederlage desorientierte Bürger und frustrierte Antidemokraten zählten zu ihren Lesern und Gläubigen. Sie hingen einer verlorenen Ordnung nach und waren der Überzeugung, daß Demokratie den Untergang bedeutet. Die antidemokratische Struktur des Nationalsozialismus entsprach den Wunsch- und Angstvorstellungen der Gläubigen der ‚Protokolle'.

Die letzte Konsequenz aus der Verteufelung des Judentums und der eingebildeten Furcht vor einer angeblich jüdischen Weltverschwörung war die Hetzzeitschrift ‚Der Stürmer', der von 1927 bis zum Ende des Zweiten Weltkriegs (1945) erschien. Auf jeder Titelseite stand am unteren Rand in fetten Großbuchstaben: „Die Juden sind unser Unglück". Darüber in Wort und Bild aufzuklären verstand ‚Der Stürmer' als seine besondere Aufgabe. Nach zahlreichen Beiträgen im ‚Stürmer' stehen die Juden als Drahtzieher hinter den Kriegsgegnern des nationalsozialistischen Deutschland, das als einziges die jüdische Gefahr erkannt hat und dementsprechend handelt. Gegensätze zwischen Kapitalismus (USA, Großbritannien) und Kommunismus (Sowjetunion) sind nur Spiegelfechtereien, da beide Agenten ein und derselben jüdischen Weltmacht sind. So kam es zu dem Wortungeheuer ‚Plutokratobolschewismus', das die Identität von Wall Street und Kreml behauptete.

Für den ‚Stürmer' war der Jude der leibhaftige Teufel, Bibel und Talmud lehren Christenmord und Betrug, jüdische

Gebete sind Haßtiraden gegen Nichtjuden, Ritualmorde und Morde jedweder Art sind das erstrebte Ziel der minderwertigen jüdischen Rasse. Wenn der Jude lacht, so lacht er über einen gelungenen Betrug, wenn er schmutzig ist, ist es typisch jüdisch, wenn er nach ‚Stürmer'-Maßstäben nicht als Jude erkennbar ist, tarnt er sich und ist nur um so gefährlicher. Der Antisemitismus wurde vom ‚Stürmer' pseudoreligiös aufgewertet, wie nicht nur aus etlichen Beiträgen, sondern auch aus Balkenzeilen hervorgeht, so z.B.: „Ohne Lösung der Judenfrage keine Erlösung des deutschen Volkes", „Ohne Brechung der Judenherrschaft keine Erlösung der Menschheit".

Weitere Träger des Antisemitismus in Deutschland waren Theodor Fritsch und der ‚Reichshammerbund', der 1912 gegründet wurde, sowie der ‚Alldeutsche Verband', der sich dann zum ‚Deutschvölkischen Schutz- und Trutzbund' hin entwickelte. Theodor Fritsch verfaßte 1887 in erster Auflage einen ‚Antisemitenkatechismus', der dann zu einem ‚Handbuch der Judenfrage' wurde. Ab 1902 gab Fritsch auch noch die Zeitschrift ‚Der Hammer' heraus. Fritsch war typisch für einen mittelständischen und kleinbürgerlichen Antisemitismus. Der ‚Alldeutsche Verband' existierte schon vor dem Ersten Weltkrieg. 1912 veröffentlichte sein Vorsitzender, der Justizrat Heinrich Claß, unter dem Pseudonym Daniel Frymann, in Leipzig eine Schrift mit dem bezeichnenden Titel ‚Wenn ich Kaiser wär'. Hier handelt es sich nicht mehr um einen konservativen Antisemitismus à la Treitschke, sondern um Rassenantisemitismus. Claß spricht von der rassischen Unvereinbarkeit von Deutschen und Juden und von der moralischen und charakterlichen Minderwertigkeit der jüdischen Rasse. Ursache des moralischen und politischen Niedergangs in Deutschland (damit meinte er die parlamentarische Demokratie) ist die „Zersetzung durch jüdisches Blut und jüdischen Geist". Eine Reform des Reiches muß nach Claß daher auch gepaart sein mit drakonischen staatlichen Maßnahmen gegen die Juden. Von solchen Kreisen wurde nach dem Zusammenbruch von 1918 der Antisemitismus als massenwirksame Kraft gegen Parlamentarismus und Demokratie eingesetzt. Sie alle glaubten an die ‚Dolchstoß'-Legende.

Eine eigene Facette bot die sogenannte Glaubensgemeinschaft ‚Deutsche Christen', die den Rassenstandpunkt als gottgewollt bezeichnete und Judenmission in ihren Richtlinien vom 26. Mai 1932 mit folgenden Worten ablehnte: „Die Heilige Schrift weiß auch etwas zu sagen von heiligem Zorn und sich versagender Liebe. Insbesonders ist die Eheschließung zwischen Deutschen und Juden zu verbieten." Dem entsprach auch das ‚Deutschapostolicum', auch ‚Confessio Germanica' genannt: „Ich glaube an den Gott der Deutschreligion, der in der Natur, im hohen Menschengeist und in der Kraft seines Volkes wirkt. Und an den Nothelfer Krist, der um die Edelkeit der Menschenseele kämpft. Und an Deutschland, das Bildungsland der neuen Menschheit." Dagegen richtete sich dann die ‚Bekennende Kirche'. Dietrich Bonhoeffer formulierte diesen Widerstand auf der 3. Bekenntnissynode der altpreußischen Union am 23. September 1935, also nach Erlaß der Nürnberger Rassengesetze, mit dem Ausruf: „Nur der darf Gregorianik singen, der laut für die Juden schreit."

Der Weg in die Katastrophe und die Katastrophe selbst sollen hier nur in den wichtigsten Stadien dargestellt werden, da es darüber eine sehr reichhaltige Spezialliteratur gibt. Am 1. April 1933 fand der Boykott jüdischer Geschäfte statt, der auch eine Diffamierung der jüdischen Mitbürger bedeutete. Am 7. April folgte das ‚Gesetz zur Wiederherstellung des Berufsbeamtentums', das alle jene Beamten ausschied, die jüdischer Abstammung waren oder die als ‚politisch unzuverlässig' galten. Vorläufig waren noch nicht jene Beamten jüdischer Abstammung betroffen, die im Weltkrieg gekämpft hatten oder deren Väter und Söhne im Weltkrieg gefallen waren. Der Weg zur Katastrophe begann zunächst mit kleinen Schritten. Ein Paukenschlag waren dann die sogenannten ‚Nürnberger Gesetze', die anläßlich des ‚Parteitags der Freiheit' am 15. September 1935 in Nürnberg beschlossen wurden. Es waren dies das ‚Reichsbürgergesetz' und das ‚Gesetz zum

116

Schutze des deutschen Blutes und der deutschen Ehre'. Als Reichsbürger galten nur mehr ‚Staatsangehörige deutschen und artverwandten Blutes'. Den Juden war somit das Bürgerrecht aberkannt. Ebenso wurde festgelegt, wer als ‚Mischling ersten Grades' (2 jüdische Großeltern) und als ‚Mischling zweiten Grades' (ein jüdischer Großelternteil) galt.

Bis Anfang 1938 war etwa ein Drittel der 500000 deutschen Juden aus Deutschland emigriert. Die verbliebenen Juden waren organisiert in der ‚Reichsvertretung der deutschen Juden', an deren Spitze der Oberrabbiner von Berlin, Leo Baeck, stand. Als Folge der Okkupation Österreichs am 11. März 1938, durch die eine für den 13. März geplante Volksbefragung verhindert wurde, wurden die etwa 180000 österreichischen Juden ebenfalls Opfer der nationalsozialistischen Judenpolitik. Die antijüdische Gangart wurde zusehends verschärft. So kam es am 17. August 1938 zur ‚Zweiten Verordnung zur Durchführung des Gesetzes über die Änderung der Familiennamen und Vornamen'. Männliche Juden erhielten zusätzlich den Namen Israel und weibliche den Namen Sara. Ein weiterer Meilenstein in der Verschärfung der Entrechtung der deutschen Juden war das Novemberpogrom. Der 17jährige Herschel Grynspan, dessen Eltern aus Deutschland nach Polen ausgewiesen wurden, erschoß in Paris den deutschen Gesandtschaftsrat Ernst vom Rath am 7. November 1938. Daraufhin wurde ein Pogrom organisiert, bei dem fast alle Synagogen des Deutschen Reichs zerstört und in Brand gesetzt wurden, jüdische Geschäfte und Wohnungen wurden zerstört und nahezu 100 Juden ermordet oder schwer verletzt. Am 14. November erschien im Reichsgesetzblatt die ‚Verordnung über eine Sühneleistung der Juden deutscher Staatsangehörigkeit' vom 12. November 1938. Die Höhe dieser ‚Sühneleistung' betrug eine Milliarde Reichsmark. Am 30. November 1938 wurde den jüdischen Rechtsanwälten die Gerichtspraxis entzogen, nachdem die Ärzte ihre Approbation schon am 30. September verloren hatten. Als ‚Jüdische Krankenbehandler' durften sie nur mehr jüdische Patienten versorgen. Ebenso wurde Juden schon seit dem

Sommer 1938 das Betreten öffentlicher Parkanlagen verboten. Die Bänke erhielten die Aufschrift ‚Nur für Arier'.

Durch die Abtrennung des Sudetenlandes von der Tschechoslowakei als Folge des Münchener Abkommens im Herbst 1938 und durch die vollkommene Liquidierung der Tschechoslowakei im März 1939 mit der Schaffung des Reichsprotektorats Böhmen und Mähren kamen auch die Juden dieser Länder unmittelbar unter deutsche Herrschaft. Bei Kriegsausbruch am 1. September 1939 waren trotz forcierter Auswanderung noch etwa 400 000 Juden im nationalsozialistischen Machtbereich.

Schon im Juni 1939 wurde die ‚Reichsvertretung der deutschen Juden' aufgelöst und dafür die ‚Reichsvereinigung der Juden' gegründet, die unmittelbar der GESTAPO unterstellt war. Am 27. September 1939 schloß sich die Gründung des Reichssicherheitshauptamtes (RSHA) an. In dessen Rahmen ernannte man Adolf Eichmann zum Geschäftsführer der ‚Reichszentrale für jüdische Auswanderung'. Am 24. November 1939 erging die Verordnung, daß an Juden keine Reichskleiderkarte mehr ausgegeben werden dürfe, und ab Januar 1940 erhielten die Lebensmittelkarten für Juden den Aufdruck J, was eine erhebliche Minderung der darauf zustehenden Lebensmittel bedeutete. Am 5. September 1941 folgte dann noch die Polizeiverordnung über die Kennzeichnung der Juden, der berüchtigte gelbe Stern mit der Aufschrift ‚Jude'. Wurde bis dahin die Auswanderung der Juden forciert, so erging am 23. Oktober 1941 diesbezüglich ein generelles Verbot.

Das Ziel der nationalsozialistischen Judenpolitik war es, Deutschland – wie sie es nannten – ‚judenrein' zu machen. Diese Forderung wurde auf das besetzte Europa ausgedehnt. Da man nunmehr den Juden die Auswanderung nicht mehr gestattete, blieb der physische Mord die einzige Alternative. So fand am 20. Januar 1942 in Berlin die ‚Wannseekonferenz' statt, bei der über die konkrete Durchführung der Ermordung der Juden beraten wurde. Ab 10. April mußte auch noch an allen von Juden bewohnten Wohnungen ein ‚Judenstern' angebracht werden, am 24. April wurde Juden – außer mit Sondergenehmigungen – die Benützung öffentlicher Verkehrsmittel untersagt, und am 30. Juni verordnete das RSHA die Schließung aller jüdischen Schulen und erließ das generelle Verbot, jüdischen Kindern Unterricht zu erteilen. In Wien wurde die ‚Israelitische Kultusgemeinde‘ aufgelöst und an ihrer Stelle wurde am 18. Dezember 1942 der ‚Ältestenrat der Juden in Wien‘ gegründet.

Durch den Polenfeldzug im September 1939 kamen etwa weitere 2 000 000 Juden unter nationalsozialistische Herrschaft. Diese Juden sollten in den größeren Städten konzentriert werden. So kam es im Februar 1940 zur Gründung des Ghettos in Lodz (Litzmannstadt) und im November 1940 des Ghettos in Warschau. In diesen Ghettos gab es zunächst noch eine bescheidene Infrastruktur mit Judenrat, eigenem Ghettogeld etc. Durch Unterernährung und ungenügende Krankenversorgung sollte die ‚natürliche Sterblichkeit‘ gefördert werden. Zur Zeit der militärischen Siege der deutschen Wehrmacht im Jahre 1940 dachte man zunächst an eine territoriale ‚Lösung der europäischen Judenfrage‘. Man dachte dabei auch an die Insel Madagaskar, auf die die Juden zwangsweise deportiert werden sollten.

Mit dem Überfall auf die Sowjetunion am 21. Juni 1941 setzte die letzte mörderische Phase ein. Die berüchtigten Einsatzgruppen erschossen aufgrund des ‚Kommissarerlasses‘ reihenweise Juden und Zigeuner. Am 31. Juli 1941 gab Göring an Heydrich die Weisung, „alle erforderlichen Vorbereitungen in organisatorischer, sachlicher und materieller Hinsicht zu treffen für eine Gesamtlösung der Judenfrage im deutschen Einflußgebiet in Europa". Im Oktober 1941 wurde die Todesstrafe über alle Juden verhängt, die ohne Genehmigung außerhalb der Ghettomauern angetroffen wurden. Ende 1941 waren für Juden in Polen nicht mehr die zivilen polnischen Gerichte zuständig, sondern nur mehr die deutsche Polizei und die SS. Ab März 1942 wurden Auschwitz und andere Konzentrationslager in Vernichtungslager umgewandelt. Zur gleichen Zeit begann auch der Transport aus den Ghettos in diese Lager. Aufgabe des lokalen Judenrates war es, die verlangte ‚Quote' zum Abtransport bereitzustellen. Der Vorsitzende des Judenrates von Warschau, Adam Czerniakow, beging daraufhin Selbstmord. Dieses Ghetto, das auch das größte war, mußte ab Juli 1942 täglich 6000 Juden für die ‚Ostverschickung' bereitstellen. Sie kamen in das Vernichtungslager Treblinka. In den 10 Wochen von Ende Juli bis Mitte Oktober wurden so 310000 Juden aus dem Warschauer Ghetto deportiert. In einem Rechenschaftsbericht an den Reichsführer SS Heinrich Himmler Ende 1942 hieß es, daß im Generalgouvernement 1 274 166 Juden „umgesiedelt" worden seien.

Juden versuchten bisweilen Widerstand zu leisten und sich nicht nur wie Schafe auf die Schlachtbank führen zu lassen. Der bekannteste Aufstand war der im Warschauer Ghetto. Der Führer der Aufständischen, Mordechai Anielevich, überlebte den Aufstand nicht. Der Aufstand begann am 18. März 1943. Zunächst konnten die Aufständischen lokale Einzelerfolge erzielen, aber auf die Dauer waren die schlecht ausgerüsteten Ghettokämpfer der militärischen Überlegenheit der deutschen Wehrmacht nicht gewachsen. Am 22. April begannen die Deutschen das Ghetto in Brand zu setzen. Am 28. April begann die Flucht durch die Kanäle in den ‚arischen' Teil Warschaus. Am 8. Mai fand Anielevich in seinem Bunker den Tod. Das ganze Ghetto stand in Flammen. Etliche, denen die Flucht durch die Kanäle gelungen war, kämpften weiter als Partisanen.

Ab Juni 1942 begannen auch die Deportationen von Juden aus Frankreich und Holland nach Auschwitz. Im April 1943 wurden die letzten Juden Berlins nach Auschwitz gebracht. 1943/44 ereilte dieses Schicksal auch die sephardischen Juden in Saloniki. Im März 1942 stimmte der slowakische Staatspräsident Tiso, ein katholischer Priester, der ‚Umsiedlung' von 35000 Juden aus der Slowakei zu. Sie wurden in die Vernichtungslager Auschwitz, Maidanek und Treblinka gebracht. Die Deportationen aus Rumänien fanden 1941 und 1942 statt. Ein Sonderphänomen bildeten bis Frühjahr 1944 die ungarischen Juden. Trotz schikanöser Maßnahmen auch seitens der ungarischen Behörden verhinderte der Reichsverweser Admiral Horty das Ärgste. Durch die Machtübernahme durch die Pfeilkreuzler und das Wirken Eichmanns und seiner Schergen in Ungarn ab Frühjahr 1944 wurde aber auch ein großer Teil der ungarischen Juden Opfer der nationalsozialistischen ,Endlösung'. 1944, als die militärische Niederlage sich immer deutlicher abzeichnete, wollte die SS noch mit den überlebenden Juden Geschäfte machen, indem zunächst knapp 4000 Menschen (Rudolph-Kastner-Transporte) in die Schweiz reisen durften, und der aktive Zionist Joel Brand in den Nahen Osten geschickt wurde, um mit den Engländern über ein Geschäft – Waren gegen Juden – zu verhandeln. Daß ein solches Geschäft nichts bringen konnte, war sowohl Kastner als auch Brand bekannt, sie suchten aber dadurch Zeit zu gewinnen.

Die jüdischen Organisationen, besonders die Jewish Agency for Palestine, der World Jewish Congress und das caritative American Jewish Joint Distribution Committee, konnten nur in wenigen Fällen helfen. Das Bureau der Jewish Agency in Genf erhielt verschlüsselte Briefe, in denen das ganze Grauen deutlich wird. Nur ein Beispiel: An Richard Lichtenstein, Vertreter der Jewish Agency in Genf, kam ein Brief aus Warschau vom 4. September 1942: „Mea Alafim mußte verreisen und ist von Herrn K(ilajon) in sein Landhaus Kever eingeladen worden." Für jemand, der den Brief lesen konnte, hieß es: „Hunderttausend mußte verreisen und ist von Herrn Vernichtung in sein Landhaus Grab eingeladen worden." Resümierend kann nur festgestellt werden: Das Ungeheuerliche ist geschehen, es aber als unglaublich zu bezeichnen, schafft nur neue Schuld. Die Juden als die Opfer der Schoa und all jene, die sie nicht verhindern konnten, müssen verstehen, daß nach einem derartigen Desaster viele Juden ein Ende der Diaspora ersehnten und daher im Zionismus und im Staate Israel für sich selbst die einzig mögliche Zukunft sahen.

20. Zionismus

Eine Definition des Zionismus, die durch den trotz Emanzipation nicht nur fortdauernden, sondern radikalisierten Antisemitismus bedingt wurde, lautet: Zionismus ist die Reaktion auf die mißglückte Emanzipation. Das trifft auf Theodor Herzl und seine Kreise zu. Doch reichen die kulturellen Voraussetzungen für den Zionismus bis in die Mitte des 19. Jhs., da in Osteuropa die Aufklärungsbewegung Haskala eindeutig national-romantische Züge annahm. Für die Maskilim war Hebräisch nicht mehr nur eine heilige Sprache, sondern sie wurde auch für moderne Literatur benutzt. Die Gegner der Haskala waren sowohl die Chassidim als auch das traditionelle, nicht chassidische Judentum. Die jüdischen Aufklärer in Osteuropa wandten sich gegen die Lethargie der ‚Stedtl‘-Bewohner und wollten sie durch Rückgriff auf die biblische Zeit an die Voraussetzungen des 19. Jhs. anpassen. Es war nicht eine individuelle Emanzipation einzelner Juden, was die Maskilim erreichen wollten, sondern eine Emanzipation der gesamten jüdischen Gemeinschaft. Dafür fanden sie in der Sprache der Bibel, dem Hebräischen, das geeignete Werkzeug.

Das Thema der hebräischen Haskala-Schriftsteller war das Leben im Lande Israel, und somit bildete die osteuropäische Haskala „die literarische Seite der geschichtlichen Grundlage eines jüdischen Staates" (J. Allerhand) im Lande Israel. Nur einige Namen mögen hier genannt sein: Abraham Mapu, geboren in Kowno 1808, gestorben in Königsberg 1867. 1853 brachte er in Wilna heraus ‚Ahabhat Zion‘ (‚Liebe zu Zion‘) und 1865 ebenfalls in Wilna ‚Aschmat Schomron‘ (‚Die Sünde Samarias‘). Jehuda Lebh Gordon, geboren 1831 in Wilna, gestorben in St. Petersburg 1892, kritisierte in seiner Dichtung ‚Bejn schinne ha’arajot‘ (‚Im Rachen der Löwen‘) die Teilnahmslosigkeit der rabbinischen Gelehrten beim Kampf der Juden gegen die Römer, der mit der Zerstörung Jerusalems und des Tempels endete. Natürlich waren für ihn die Rabbi-

nen dieser Zeit paradigmatisch für die jüdische Führungs-
schicht in Osteuropa zu seiner Zeit. Der Held in dieser
Dichtung ist der Zelot Simon, seine Braut Martha stärkt
durch Zuspruch seinen Kampfesmut, nachdem er von einer
Verwundung wieder genesen war. Doch die Tapferkeit der
Aufständischen war den römischen Legionen nicht gewachsen. Als Gefangener in Rom sollte Simon als Gladiator
mit einem Löwen kämpfen. Martha nahm als Sklavin einer
Römerin an diesem ‚Schauspiel' teil und erkannte in dem
Gladiator ihren Bräutigam. Simon bemerkte Martha erst, als
sein Dolch zwischen den Rippen des Löwen zerbrach und er
mit bloßen Händen dem Löwen gegenüberstand und ihn nicht
wie Samson bezwingen konnte. Der Held Simon wurde somit
Repräsentant für das jüdische Schicksal. Das Schweigen
Gottes anklagend, formulierte Gordon: „Der Held geht
zugrunde, hast Du es noch nicht gemerkt?! Dein Gott, der
Gott Samsons, wo ist er? Dein Gott, der Gott Samsons, Gott
der Götter, verließ das Volk seines Besitzes und seiner
Helden." Darin drückt sich nicht nur Skepsis gegenüber der
Selbstzufriedenheit der jüdischen Traditionalisten aus, die auf
einen Messias, der in ferner Zukunft kommen sollte, geduldig
und passiv warteten, sondern auch der Wille zum Widerstand
gegen die Passivität. Wenn Gott schweigt, müssen die Menschen handeln.

Neben dieser kulturellen Komponente bestimmte den Zionismus von allem Anfang an die Erkenntnis der frühen Zionisten, daß sie trotz aller kulturellen und wirtschaftlichen Leistungen, die Juden vollbrachten – oder sogar gerade wegen
dieser Leistungen –, von der nicht-jüdischen Umgebung nicht
angenommen wurden. Die rassisch-biologisch argumentieren-
den Antisemiten sprachen den Juden den Anspruch auf
Menschenwürde und Rechtsgleichheit ab. Der politische
Zionismus war somit die Reaktion der zutiefst betroffenen
und beleidigten Juden, die in der individuellen Emanzipation
keine Chance mehr für eine friedliche und ersprießliche Koexistenz mit ihrer nichtjüdischen Umgebung sahen. Schon der
Protozionist Leon Pinsker schrieb in seinem 1882 erschiene-

123

nen Buch ‚Autoemanzipation – Mahnruf an seine Stammes-
genossen von einem russischen Juden': „Als Jude geplündert
sein oder als Jude beschützt werden müssen, ist gleich be-
schämend, gleich peinlich für das menschliche Gefühl der
Juden." Oder Theodor Herzl beim ersten Zionistenkongreß
in Basel (29.–31. August 1897): „Unsere Gegner wissen
vielleicht gar nicht, wie tief im Innersten sie gerade
diejenigen unter uns verletzt haben, die sie möglicher Weise
nicht in erster Linie treffen wollten. Das moderne, gebildete,
dem Ghetto entwachsene, des Schacherns entwöhnte Judentum bekam einen Stich mitten ins Herz." In seinem ‚Judenstaat' (Wien 1896) formulierte es Herzl mit den Worten:
„Vielleicht könnten wir überall in den uns umgebenden
Völkern spurlos aufgehen, wenn man uns nur zwei Generationen hindurch in Ruhe ließe. Man wird uns nicht in
Ruhe lassen. Nach kurzen Perioden der Duldsamkeit erwacht
immer und immer wieder die Feindschaft gegen uns. Unser
Wohlergehen scheint etwas Aufreizendes zu enthalten, weil
die Welt seit vielen Jahrhunderten gewohnt war, in uns die
Verächtlichsten unter den Armen zu sehen. Dabei bemerkt
man aus Unwissenheit oder Engherzigkeit nicht, daß unser
Wohlergehen uns als Juden schwächt und unsere Besonderheiten auslöscht. Nur der Druck preßt uns wieder an den
alten Stamm, nur der Haß unserer Umgebung macht uns
wieder zu Fremden. So sind und bleiben wir denn, ob wir es
wollen oder nicht, eine historische Gruppe von erkennbarer
Zusammengehörigkeit. Wir sind ein Volk – der Feind macht
uns ohne unseren Willen dazu, wie das immer in der Geschichte so war."

Da die Emanzipation des einzelnen Juden nicht gelang, soll
es die Nation als Ganze schaffen. Dazu aber braucht sie ein
Land. Dieser Gedanke war natürlich beeinflußt vom nationalen Denken des 19. Jhs. Er findet sich bereits bei Moses Heß,
der sein diesbezügliches Werk ‚Rom und Jerusalem' (Köln
1862) nannte, weil er darin einen Garibaldi für das Judentum
forderte. Er schrieb darin im 12. Brief: „Jeder ist, er mag es
wollen oder nicht, solidarisch mit seiner ganzen Nation ver-

bunden. Wir alle haben das ‚Ol malchut schamajim' (das Joch
des Gottesreiches) zu ertragen", oder im 11. Brief: „Erlauben
sodann die Weltereignisse, welche sich im Orient vorbereiten,
einen praktischen Anfang zur Wiederherstellung des jüdischen
Staates, so wird dieser Anfang zunächst wohl in der Gründung jüdischer Kolonien im Lande der Väter bestehen." 1882
wurde Pinsker in seiner ‚Autoemanzipation' bereits konkreter:
„Da der Jude nirgends zuhause ist, nirgends als Einheimischer
betrachtet wird, so bleibt er überall ein Fremdling. Daß er
selbst, daß auch seine Vorfahren im Lande geboren sind, än-
dert an diesem Tatbestand nicht das Geringste ... Gönnet uns
einmal das Glück einer Selbständigkeit, lasset uns über unser
Schicksal allein verfügen, gebet uns ein Stückchen Land wie
den Serben und Rumänen ... Unser Vaterland – die Fremde,
unsere Einheit – die Zerstreuung, unsere Solidarität – die allgemeine Anfechtung, unsere Waffe – die Demut, unsere Zukunft – der nächste Tag. Welch verächtliche Rolle für ein
Volk, das einst seine Makkabäer hatte."

In dieselbe Kerbe schlug auch die erste Farben tragende
national-jüdische Studentenverbindung ‚Kadimah', die im
Herbst 1882 an der Universität Wien gegründet und 1883 be-
hördlich genehmigt wurde. Der erste Präsident, Moritz Schnirer, unterzeichnete einen Aufruf zur Bekämpfung der Assimilation, zur Hebung des jüdischen Selbstbewußtseins durch
Verbreitung jüdischer Geschichte und Literatur und zur Errichtung jüdischer Kolonien in Palästina.

Ein Kritiker sowohl der Assimilation als auch einer Kolonisationspolitik in Palästina ohne kulturgeschichtlichen Hintergrund war Ascher Ginzberg, der sich als Literat Achad Ha-am
‚Einer aus dem Volke' nannte (1856–1927). Er stammte aus
einer angesehenen chassidischen Familie, schloß sich aber der
aufklärerischen Richtung des osteuropäischen Judentums an.
1884 ließ er sich in Odessa nieder, wo er 1889 mit einem be-
deutenden Essay ‚Lo ze hadderekh' ‚Das ist nicht der Weg' die
nur praktische Richtung der Kolonisationspolitik in Palästina
kritisierte. Dem folgte im Jahre 1893 ein weiterer Artikel
‚Emet me'eretz Jisrael' ‚Wahrheit aus dem Lande Israel'.

Achad Ha-am favorisierte einen kulturellen Zionismus und ließ sich 1922 im Lande Israel nieder, wo er bis zu seinem Tod im Jahre 1927 blieb. Einen ähnlichen Weg von der Orthodoxie zum profanen Kulturzionismus ging Eliezer ben Jehuda, der 1858 in Luzky in Litauen – ebenfalls in einem chassidischen Hause – geboren wurde. Die Unabhängigkeitsbestrebungen der Balkanvölker trugen dazu bei, daß er auch für das jüdische Volk nach einer nationalen Heimstätte verlangte. Diese sollte ein geistig-nationales Zentrum für das gesamte Judentum werden, wie er es 1879 in einem Artikel im ‚Ha-schachar‘ formulierte, dem er den bezeichnenden Titel gab ‚Sche'ela lohata‘ ‚Eine brennende Frage‘. Selbst zog er die Konsequenzen aus seiner Ideologie und übersiedelte 1881 nach dem Land Israel, wo er seiner Frau erklärte, daß er von nun an nur mehr Hebräisch sprechen werde. So wurde seine Familie zur ersten Familie, für die Hebräisch zur praktischen Umgangssprache wurde. Dadurch wurde er in eine Polemik zur Jerusalemer Orthodoxie gedrängt und verstand sich selbst letzten Endes als einen religionslosen nationalen Juden. Sein bedeutendstes Werk zum Zweck der Wiederbelebung der hebräischen Sprache ist sein großes Wörterbuch, dessen erster Band 1910 erschien. Nach seinem Tod im Jahr 1922 wurde die Herausgabe dieses Wörterbuchs von seinem Sohn fortgesetzt.

In diesem Zusammenhang muß auch noch die bedeutende Dichterpersönlichkeit des Chajim Nachman Bialik genannt werden, der 1873 in Radi bei Zhitomir in Wolhynien geboren wurde. Als Kind erhielt er die traditionell jüdische Erziehung, doch auch er fand seinen Weg zu einer säkularen Neubelebung jüdischer Werte. Tief beeindruckt vom Kischinew-Pogrom 1903 schrieb er ‚Be'ir haharega‘ (‚In der Stadt des Mordens‘). 1924 übersiedelte er in das Land Israel. In seinem Haus in Tel Aviv traf sich die geistige Elite des Landes jeden Freitagabend zum ‚Oneg Schabbat‘ (‚Sabbatvergnügen‘). 1934 starb er in Wien nach einer medizinischen Behandlung. Es gelang ihm, die Probleme des jüdischen Schicksals unter Benutzung traditioneller Elemente darzustellen. Die Tradition bot ihm die Beispiele zum Verständnis der Gegenwart. So verwendete er z.B. ein Motiv aus einem mystisch-esoterischen Abschnitt des Talmud (Chagiga 14b) ‚Hetzitz wamet‘ (‚Er blickte hin und starb‘), um einerseits das unbändige Verlangen des Judentums nach Bildung zum Ausdruck zu bringen und andererseits auch auf die Gefahren hinzuweisen, die damit verbunden sind. In seinem Essay ‚Hassepher ha’ibhri‘ (‚Das hebräische Buch‘) beklagte er, daß das ‚Volk des Buches‘ Schriftsteller und Literaten hat, die in allen möglichen Sprachen ihr Literaturwerk veröffentlichen, nicht aber in der hebräischen.

Bevor auf die politischen Folgen des Zionismus eingegangen werden kann, müssen noch einige Bemerkungen über die Vorgänge gemacht werden, ohne die eine praktische Besiedlung des Landes Israel mit jüdischen Kolonisten nicht möglich gewesen wäre. Moses Heß mit seinem 1862 veröffentlichten ‚Rom und Jerusalem‘ wurde schon genannt. Einige Jahre zuvor, 1855, hatte Sir Moses Montefiore vom Sultan die Erlaubnis erhalten, Land zur Ansiedlung von Juden anzukaufen. Er erwarb Grundstücke bei Jerusalem und Jaffa, pflanzte dort Gärten und errichtete eine Windmühle. Die Montefiore Mühle ist auch heute noch ein Wahrzeichen des jüdischen Jerusalem. Dieselbe Tendenz hatte auch das Werk des orthodoxen Rabbiners Zwi Hirsch Kalischers aus Thorn in Ostpreußen ‚Drischat Zion‘ (‚Verlangen nach Zion‘), das 1869 erschien. Auch ein sephardischer Rabbiner, Jehuda Alkalai aus Semlin (1798–1878) meldete sich einschlägig zu Wort. Mehrfach führte er aus, daß die jüdische Ansiedlung im Lande der Väter ein Weg zur Erlösung des jüdischen Volkes sei. Er trat für praktische Kolonisation, hebräische Umgangssprache, eine jüdische Armee und internationale Anerkennung eines jüdischen Palästina ein. Sein Zionismus wie auch der Kalischers war religiös begründet. Daher wandte er sich auch gegen die Streichung der auf das Land Israel bezüglichen messianischen Elemente in der Liturgie des Reformjudentums seiner Zeit.

Die Pogrome in Rußland 1881/82 waren der Anlaß für die erste gezielte Einwanderung jüdischer Kolonisten in das Land der Väter. Auch Leon Pinskers 1882 erschienenes Werk ‚Autoemanzipation‘, das schon zitiert wurde, war eine Folge des Pogromschocks. So entstand die Bewegung ‚Chibbat Zion‘ (‚Liebe zu Zion‘). Die erste Gruppe sammelte sich in Warschau, und bald darauf folgten aus vielen anderen von Juden bewohnten Städten Rußlands, Polens und Rumäniens neue Gruppen nach. Als die Chibbat Zion-Bewegung ihre Statuten amtlich anmeldete, gab sie unter anderem an, daß sie „eine Bewegung zur Unterstützung solcher Juden sei, die als Bauern oder Handwerker in Syrien oder Palästina leben". Als Hauptaufgabe stellte sie sich, „die Juden landwirtschaftliche Arbeit im heiligen Land der Väter zu lehren, das Land Israel seinen Söhnen wieder lieb zu machen und das Volk Israel zu einem Volk zu machen, das sich kennt und schätzt". Der Chibbat Zion-Bewegung gelang es in wenigen Jahren, einige Siedlungen und Schulen im Lande Israel zu gründen, darunter auch die Knabenschule in Jaffa, die erste Schule mit Hebräisch als Unterrichtssprache. Die Zentrale der Organisation war in Odessa und wurde daher auch ‚Odessaer Komitee‘ genannt. Erst 1890 wurde dieses von der russischen Regierung offiziell bestätigt. Der erste Vorsitzende war der schon genannte Leon Pinsker.

Die neue Idee der ‚Liebe zu Zion‘ fand besonders in Kreisen der jüdischen Studenten Rußlands zahlreiche und opferbereite Anhänger. 1882 sammelten sich in Charkow einige jüdische Studenten zur sogenannten ‚Bilu-Bewegung‘. Das Wort ‚Bilu‘ ist die Aufeinanderfolge der ersten Buchstaben der hebräischen Worte „Haus Jakob gehet und wir werden gehen" aus Jes. 2,5. Die Biluisten waren also diejenigen, die aus der Chibbat Zion-Begeisterung die praktischen Konsequenzen zu ziehen gewillt waren. Soweit es sich um Studenten handelte, waren sie bereit, ihre akademische Karriere für das praktische ideale Ziel der jüdischen Kolonisation des alten Stammlandes aufzugeben. Doch fürs erste kamen nur etwa zwanzig junge Männer wirklich in das Land der Väter. Diese aber bildeten den Grundstock zur sogenannten ‚ersten Einwanderung‘, die von 1882–1904 etwa 25000 Juden, die meisten aus Rußland, in das Land Israel brachte. Die von den Biluisten gegründeten Siedlungen, die heute volkreiche Städte sind, bekamen alle symbolische Namen. So gründeten 1882 zehn Biluisten ‚Rischon leZion‘ (‚Anfang für Zion‘). Andere russische Juden halfen ‚Petach Tiqwa‘ (‚Pforte der Hoffnung‘) wieder herzustellen, das 1878 von einigen Jerusalemer Juden gegründet, dann aber wieder verlassen worden war. Von rumänischen Juden wurde ebenfalls 1882 in Obergaliläa ‚Rosch Pinna‘ (wörtlich ‚Haupt des Ecks‘) – im Sinne von ‚Eckstein‘ und ‚Fundament‘ zu verstehen – gegründet. Auch noch die 1909 gegründete, heute größte Stadt Israels, Tel Aviv, erhielt einen solchen symbolischen Namen. Wörtlich übersetzt heißt es ‚Frühlingshügel‘, ist aber eine Übersetzung des Titels von Theodor Herzls utopischem Roman ‚Altneuland‘.

Trotz aller Diskussionen konnte sich der praktische Zionismus mit der Schaffung jüdischer Siedlungen im Lande der Väter durchsetzen. Der erste Zionistenkongreß, der vom 29.–31. August 1897 in Basel stattfand, beschloß folgendes Programm: „Der Zionismus erstrebt für das jüdische Volk die Schaffung einer öffentlich-rechtlich gesicherten Heimstätte in Palästina. Zur Erreichung dieses Ziels nimmt der Kongreß folgende Mittel in Aussicht: 1. Die zweckdienliche Förderung der Besiedlung Palästinas mit jüdischen Ackerbauern, Handwerkern und Gewerbetreibenden. 2. Gliederung und Zusammenfassung der gesamten Judenschaft durch geeignete allgemeine und örtliche Veranstaltungen nach den Landesgesetzen. 3. Die Stärkung des jüdischen Volksgefühls und Volksbewußtseins. 4. Vorbereitende Schritte zur Erlangung der Regierungszustimmungen, die nötig sind, um das Ziel des Zionismus zu erreichen.“

Doch war damit erst ein Anfang gesetzt. Die sogenannten ‚Territorialisten‘ legten dem Ausdruck „in Palästina“ wenig Bedeutung bei. Darin konnten sie sich auch auf die großen Führerpersönlichkeiten des politischen Zionismus berufen. Leon Pinsker schrieb 1882 in seiner ‚Autoemanzipation‘: „Nicht das Heilige Land soll jetzt das Ziel unserer Bestrebungen sein, sondern das eigene.“ Und Theodor Herzl formulierte

129

es 1896 im ‚Judenstaat', daß dieser „auf noch unbestimmtem Territorium" gegründet werden solle. Als man daher mit den gewünschten Regierungszustimmungen für Palästina nicht vorankam, wurden auch andere Territorien in Erwägung gezogen. Im Oktober 1902 stellte der britische Kolonialminister Joseph Chamberlain das Gebiet des Wadi El Arisch auf der Sinaihalbinsel in Aussicht. Dieses schien aber einer Kommission wegen der großen Trockenheit des Landstrichs ungeeignet. Joseph Chamberlain bot Herzl daraufhin ein Gebiet in Britisch Ostafrika an. Dieser Vorschlag ging als ‚Ugandaprojekt' in die Geschichte des Zionismus ein. Die politische Situation bewog Herzl, diese Form der territorialen Lösung eines Zionismus ohne Zion gutzuheißen und anzunehmen.

Im Frühjahr 1903 war es in Rußland in der Stadt Kischinew zu blutigen Judenverfolgungen gekommen. Binnen 24 Stunden wurden 45 Juden getötet und mehr als 1000 verletzt. Diese Umstände schienen nach einer raschen Lösung der Frage des jüdischen Nationalheims geradezu zu schreien, und Herzl tat alles, was in seiner Macht stand, eine solche Lösung herbeizuführen. Bei ihm aber waren die humanitären Ideale stärker als die zionistischen. Er meinte, in Uganda einen geeigneten Platz für die Flüchtlinge aus Rußland gefunden zu haben. So kam es während des sechsten Zionistenkongresses in Basel vom 23.–28. August 1903 zum dramatischen Konflikt zwischen westlichen und osteuropäischen Zionisten, dessen endgültige Beilegung zwei Jahre später Herzl, der am 3. Juli 1904 in Edlach in Niederösterreich verstarb, nicht mehr erleben sollte. Schon äußerlich stand der sechste Zionistenkongreß unter dem Zeichen von Herzls territorialem Lösungsversuch und unter dem Unstern innerer Zerrissenheit. Statt der Karte Palästinas, des Landes Israel, war an der Wand des Kongreßsaals diejenige von Uganda zu sehen, und während einer Pause wurde sie von einem jungen Mädchen von der Wand gerissen. Herzl empfahl, das Ugandaprojekt anzunehmen, weil es eine Lösung für die in Rußland Verfolgten bringe und weil man auch die britische Regierung, die ein so großzügiges Angebot gemacht hatte, nicht vor den Kopf stoßen dürfe. Als Augenblickslösung empfahl Max Nordau die Annahme des Ugandaprojekts als ‚Nachtasyl'. Der Großteil der osteuropäischen Juden und auch die Vertreter der soeben erst verfolgten Kischinewer Gemeinde lehnten ein solches Nachtasyl entschieden ab. Die Uganda-Lösung wurde also von jenen als nicht einmal diskutierenswert erachtet, für die sie von Herzl in Aussicht genommen worden war. Die russischen Abgeordneten verließen weinend und empört den Kongreßsaal, als beschlossen wurde, eine Kommission zur Prüfung des Angebotes nach Uganda zu schicken. Als sie wieder unter sich waren, setzten sie sich auf den Fußboden und gaben ihrer Verzweiflung dadurch Ausdruck, daß sie die Totenklage anstimmten, die zum Gedächtnis an die Zerstörung des Tempels gebetet wird. Mit der Annahme der Uganda-Resolution schien ihnen die Sache des Zionismus verraten und verloren. Herzl aber war über die scharfe Ablehnung des von Pogromen bedrohten russischen Judentums derart fassungslos, daß er ausrief: „Diese Leute haben den Strick um den Hals und weigern sich noch." Herzl und die übrigen westlichen Zionisten mußten sich der Realität beugen. In den osteuropäischen Juden war noch so viel jüdische Substanz, daß ein anderes Ziel als das Land Israel für sie nicht in Betracht kommen konnte. Dem trug auch der siebte Zionistenkongreß in Basel vom 27. Juli–2. August 1905 Rechnung und verwarf endgültig das Ugandaprojekt.

Doch erst zur Zeit des Ersten Weltkriegs wurde die Sache endgültig im Sinne des politischen und humanitären Zionismus entschieden. Am 2. November 1917 kam es zur sogenannten Balfour-Erklärung, die als Brief des britischen Außenministers, Lord Balfour, an Lord Rothschild abgefaßt war. Die Balfour-Erklärung hat folgenden Wortlaut: „Ich habe die große Freude, Ihnen im Namen der Regierung seiner Majestät die folgende Sympathieerklärung mit den jüdisch-zionistischen Wünschen, die dem Kabinett vorgelegt und von ihm gebilligt worden war, mitzuteilen. Die Regierung seiner Majestät betrachtet die Schaffung eines Nationalheimes für das

131

jüdische Volk in Palästina mit Wohlwollen und wird die größten Anstrengungen machen, um die Erreichung dieses Zieles zu erleichtern, wobei Klarheit darüber herrschen soll, daß nichts getan werden soll, was die bürgerlichen und religiösen Rechte der in Palästina bestehenden nichtjüdischen Gemeinschaften oder die Rechte und politische Stellung der Juden in irgendeinem Staat beeinträchtigen könnte. Ich wäre Ihnen dankbar, wenn Sie diese Erklärung der zionistischen Föderation zur Kenntnis bringen würden. Ihr ergebener Arthur James Balfour." Die Tatsache, daß das Palästinamandat am 24. Juli 1922 offiziell vom Völkerbund an Großbritannien übertragen wurde und daß darin Großbritannien verpflichtet wurde, für die Erfüllung der Balfour-Erklärung Sorge zu tragen, war einerseits die Rechtsbasis für das seither folgende zionistische Aufbauwerk im Lande Israel und andererseits die Ursache für den Konflikt mit den arabischen Nachbarn.

21. „Nur die Pergamente verbrennen, die Buchstaben aber fliegen davon"

Dieser Satz wird dem Chanina ben Teradion in Abhoda Zara 18a zugeschrieben. Er soll ihn gesprochen haben, als er, in eine Torarolle gehüllt, während der Judenverfolgung nach dem Bar Kochba-Krieg auf einem Scheiterhaufen verbrannt wurde und so das Martyrium erlitt. Er könnte als Motto über der gesamten jüdischen Geschichte stehen, insbesonders über der Zeitgeschichte, der Zeit nach der ‚Gottesfinsternis‘, der ‚Shoa‘. Der Zionismus schuf im Lande Israel das ersehnte jüdische Nationalheim und damit alle Voraussetzungen für einen Neuanfang nach der Katastrophe. Trotz eines immer wieder aufflackernden Widerstands der palästinensischen Araber gegen den Wortlaut der Balfour-Erklärung konnten die Juden im Lande der Väter ihre Infrastruktur in solcher

Weise aufbauen, daß das Land zur Aufnahme jüdischer Massen bereit war. Städte wurden gegründet und/oder vergrößert, Kibbuzim und andere landwirtschaftliche Siedlungen wurden angelegt, Straßen gebaut und Industrien gegründet. Politische Parteien entstanden oder wurden aus der Diaspora im Lande Israel fortgesetzt, Finanzierungsinstrumente, an denen die Diaspora teilhatte, wurden geschaffen (z.B. Keren Kajemet), eine Gewerkschaft, die auch Unternehmer und für die Vermarktung zuständig war, wurde gegründet (Histadrut). Eine Jewish Agency for Palestine wurde beim 16. Zionistenkongreß, der vom 29. Juli bis 11. August 1929 in Zürich stattfand, gegründet, die aus je hundert zionistischen und hundert nichtzionistischen Mitgliedern bestand. Ihr Finanzinstrument war der ‚Keren hajesod‘, dessen Einnahmen aus freien, jährlichen Beträgen vieler Juden auf der ganzen Welt bestanden.

Die Weltereignisse warfen auch schon vor dem Zweiten Weltkrieg ihre Schatten voraus. Im März 1938 erfolgte die Okkupation Österreichs durch Hitler-Deutschland, im Herbst desselben Jahres kapitulierten Frankreich und England vor Hitler und gestanden ihm das Sudetenland zu. Sie taten auch nichts, als Hitler im Frühjahr 1939 die Resttschechoslowakei überfiel, Böhmen und Mähren zum Reichsprotektorat und die Slowakei zum faschistischen Vasallenstaat machte. Großbritannien mußte einen Zusammenschluß der arabischen Welt mit dem faschistischen Italien und dem nationalsozialistischen Deutschland fürchten. Das bestimmte auch seine Palästinapolitik. Durch das Weißbuch vom 17. Mai 1939 begrenzte es drastisch die jüdische Einwanderungsquote nach Palästina und hob somit faktisch die Balfour-Erklärung auf. Zur Zeit der akutesten Gefahr für das europäische Judentum wurden die Tore des alt-neuen Heimatlandes für eine jüdische Massenzuwanderung geschlossen. Nach dem Weißbuch vom 17. Mai 1939 sollte innerhalb von 10 Jahren ein unabhängiges Palästina entstehen. Während der nächsten 5 Jahre sollten noch 75000 jüdische Einwanderer zugelassen werden, dann nur mehr mit Zustimmung der Araber. Das hätte das Ende des zionistischen Aufbauwerks im Land Israel bedeutet.

133

Der Ausbruch des Zweiten Weltkriegs am 1. September 1939 bot eine neue Situation. David ben Gurion charakterisierte sie mit folgenden Worten: „Wir kämpfen im Krieg an der Seite Englands, als ob es kein Weißbuch gäbe, und wir kämpfen gegen das Weißbuch, als ob es keinen Krieg gäbe."

Nach dem Zweiten Weltkrieg sammelten sich die meisten Überlebenden aus dem Inferno des Holocaust in Westdeutschland und Österreich vorwiegend in den amerikanischen Besatzungszonen. Sie wollten nach dem Lande Israel, doch die britische Weißbuchpolitik hinderte sie daran. So blieben die meisten von ihnen einige Jahre in den Flüchtlingslagern und wurden materiell vom Joint und weltanschaulich und organisatorisch von der Jewish Agency betreut. Einige wagten die ‚illegale Einwanderung'. Soweit sie ihr Ziel nicht erreichten, wurden die meisten von ihnen auf die Insel Cypern gebracht, wo sie bis zur Staatsgründung Israels wieder in Lagern lebten. Im Lande Israel selbst kam es zu Gewalttaten gegen die Engländer durch eine rechtszionistische Kampforganisation ‚Irgun Zwa'i Le'umi' (‚Nationale militärische Kampforganisation') und zu verstärkten arabischen Unruhen. So beschloß im Frühjahr 1947 die britische Regierung, das Palästinamandat zurückzulegen und das Palästinaproblem vor die UNO zu bringen. Diese beschloß am 29. November 1947 mit 32 gegen 13 Stimmen bei 10 Stimmenthaltungen die Teilung Palästinas in ein jüdisches und ein arabisches Territorium. Die Zone um Jerusalem sollte international verwaltet werden.

Dieser Plan wurde vom Großteil der Juden begrüßt, von den Arabern entschieden abgelehnt. Noch bevor die Engländer am 14. Mai 1948 die Räumung Palästinas abgeschlossen hatten, setzten die Araber alles daran, den Teilungsplan zu vereiteln. Das arabische Hochkomitee forderte die Araber auf, die Nähe jüdischer Wohngebiete zu verlassen, um nachher ungefährdet mit den siegreichen arabischen Armeen zurückkehren zu können. So entstand der Großteil der arabischen Flüchtlinge, die bis heute noch ein brisantes politisches Problem sind. In der Unabhängigkeitserklärung Israels vom 14. Mai 1948 hieß es u.a. „Wir bieten allen benachbarten

134

Staaten und ihren Völkern die Hand des Friedens und freundschaftlicher Nachbarschaft an und rufen sie zu gemeinsamer Arbeit mit dem in seinem Lande unabhängigen hebräischen Volk und zu gegenseitiger Hilfe auf." Die Antwort war der Palästinakrieg, der, außer mit Ägypten und Jordanien, formal noch immer andauert. Die Nachbarschaftsfragen regeln Waffenstillstandsbeschlüsse und UNO-Truppen auf dem Golan. Mag sein, daß die gegenseitige Anerkennung Israels und der PLO am 13. September 1993 dazu führen kann, daß endlich das erreicht wird, was das erste provisorische Parlament Israels bereits am 14. Mai 1948 angeboten hat.

Aber auch sonst auf der Welt zeigt das Judentum auch nach der Schoa seine die Jahrhunderte überdauernde Lebenskraft. In den USA – und auch anderswo – entstehen Holocaust Museen, die das Solidaritätsbewußtsein im Diasporajudentum stärken sollen. Rabbiner und Philosophen stellen die Frage nach dem Sinn jüdischer Existenz anläßlich der Ermordung von etwa 6 Millionen Juden durch den Nationalsozialismus. Die christlichen Kirchen begehen Gewissenserforschung und leugnen nicht mehr die eigene historische Mitschuld an der Katastrophe. Selbst in Deutschland und Österreich entstanden wieder jüdische Gemeinden mit zum Teil bedeutendem kulturellen Eigenleben. Israel konnte alle Masseneinwanderungen bewältigen und wurde somit das geistige und politische Zentrum auch für die jüdische Diaspora. Nicht nur die Pergamente, sondern auch die Menschen verbrannten, aber die Lebenskraft des jüdischen Volkes, seiner Religion und seiner Kultur erlosch nicht.

Hinweise zum Weiterlesen

Uwe Dietrich Adam, *Judenpolitik im Dritten Reich*, Düsseldorf 1979. Thema: die nationalsozialistische Politik gegenüber dem Judentum bis hin zur mörderischen Endlösung.

Michael Avi-Gonah, *Geschichte der Juden im Zeitalter des Talmud – in den Tagen von Rom und Byzanz*, Berlin 1962. Thema: Geschichte der Juden seit dem Hellenismus bis zur Eingliederung Palästinas in das muslimische Herrschaftsgebiet.

Salo Wittmayer Baron, *A Social and Religious History of the Jews*, Bd. 1–18.1, New York 1952–1993. Die derzeit ausführlichste Darstellung der jüdischen Geschichte und Kultur.

Georg Caro, *Sozial- und Wirtschaftsgeschichte der Juden*, 2 Bde., Hildesheim 1964. (Neudruck nach den in Frankfurt/M. erschienenen Auflagen von 1920/24.) Zeitlicher Rahmen: vom ausgehenden Altertum bis zur Judenverfolgung in Spanien 1391.

Klaus Dethloff (Hrsg.), *Theodor Herzl – oder: Der Moses des fin de siècle*, Wien 1986. Gegenstände: eine ausführliche historische Einleitung und verschiedene Werke Theodor Herzls.

Salomon Grayzel, *A History of the Jews*, Philadelphia 1965. Zeitlicher Rahmen: vom babylonischen Exil bis zur Gründung Israels.

Felicitas Heimann-Jelinek/Kurt Schubert (Hrsgg.), *Sepharadim-Spaniolen*, Eisenstadt 1992. Thema: Geschichte und Kultur der spanischen Juden bis zur Vertreibung 1492 und das Weiterwirken ihrer Kultur in der Diaspora.

Jakob Katz, *Vom Vorurteil bis zur Vernichtung. Der Antisemitismus 1700–1933*, München 1989. Zeitlicher Rahmen: von Eisenmenger bis zum Nationalsozialismus.

Guido Kirsch, *Forschungen zur Rechts- und Sozialgeschichte der Juden in Deutschland während des Mittelalters*, Zürich 1955. Thema: Rechtsstellung der Juden in Deutschland unter Einschluß von „Kammerknechtschaft" und „Hehlerrecht".

José Luis Lacave, *Sefarad, Sefarad, La Espana Judia*, Madrid 1992. Thema: Geschichte und Kultur der spanischen Juden bis zur Vertreibung 1492.

Walter Laqueur, *Der Weg zum Staat Israel – Geschichte des Zionismus*, Wien 1975.

Haim Hillel Ben Sasson (Hrsg.), *Geschichte des jüdischen Volkes*, München 1993. Übersetzung aus dem Hebräischen. Zeitlicher Rahmen: von der Bibel bis zur Gegenwart.

Kurt Schubert, *Die Kultur der Juden*, Teil I: Israel im Altertum, Wiesbaden 1970/77; Teil II: Judentum im Mittelalter, Wiesbaden 1979. Zeitlicher Rahmen: von der Vorgeschichte des biblischen Israels bis zur Kabbalistenschule in Safed im 16. Jahrhundert.

Kurt Schubert (Hrsg.), *Die österreichischen Hofjuden und ihre Zeit,* Eisenstadt 1991. Thema: wirtschaftliche und soziale Bedeutung der
Hofjuden und ihr Verhältnis zur Kunst ihrer Zeit.

Wolfgang Seiferth, *Synagoge und Kirche im Mittelalter,* München 1967.
Thema: die beiden allegorischen Gestalten in der mittelalterlichen
Kunst, verstanden im Licht literarischer Quellen.

Günter Stemberger, *Das klassische Judentum – Kultur und Geschichte der
rabbinischen Zeit,* München 1979. Inhalt: umfassende Darstellung der
Geschichte und Kulturgeschichte des Judentums in der angegebenen
Zeit.

Markus J. Wenninger, *Man bedarf keiner Juden mehr,* Wien 1981.
Thema: Voraussetzung und Folgen der Vertreibung der Juden aus den
deutschen Reichsstädten im ausgehenden Mittelalter.

Robert S. Wistrich, *The Jews of Vienna in the Age of Franz Joseph,* Ox-
ford 1989. Thema: Kultur- und Geistesgeschichte des aus allen Teilen
der Habsburgermonarchie stammenden Wiener Judentums in der angegebenen Zeit.

Personenregister

Abd al Rahman I., III. 65 f.
Abraham bar Chija 75
Abraham ben Meir ibn Ezra 75
Achad Ha'am 113, 125 f.
Agobard, Bischof von Lyon 40–42
Akiba, Rabbi 14, 17, 24
Albo, Joseph 72, 76
Alkalai, Jehuda 127
Amulo, Bischof von Lyon 40, 42
Anielevich, Mordechai 120
Armleder 56

Baeck, Leo 117
Balfour, Lord Arthur James 131 f.
Bialik, Chajim Nachman 126
Bloch, Dr. Josef Samuel 109 f.
Bonastrug de Porta (s. a. Moses
    Nachmanides) 69
Bonhoeffer, Dietrich 116
Brand, Joel 121
Brunner, Sebastian 108

Chamberlain, Houston Stewart
    108
Chanina ben Teradion 18, 132
Chasdai ben Abraham Creseas
    71 f., 76
Chasdai ibn Schaprut 32, 65 f.
Chmielnitzki 97
Christiani, Pablo 68 f.
Claß, Heinrich (Pseud. Daniel
    Frymann) 115
Czerniakow, Adam 120

Deckert, Josef 109 f.
Diego de Aguilar (s. a. Mosche
    Lopez Pereyra) 94
Dohm, Christian Wilhelm 99
Dreyfus, Alfred 110
Drumont, Eduard 110
Dühring, Eugen 106

Eibeschütz, Jonatan 85 f.
Eichmann, Adolf 118, 121
Eisenmenger, Johann Andreas
    93 f., 110
Elijahu Wilna 89
Eliezer ben Jehuda 126
Eliezer von Tarascon, Rabbi 68
Emden, Jakob 85 f.

Ferdinand von Aragon 73
Ferrer, Vinzenz 73
Frank, Jakob 83-85, 88
Fries, Jakob 104
Fritsch, Theodor 115

Gamaliel II. 18
Georg Ritter von Schönerer 109
Gerschom ben Jehuda Me'or
    Haggola 32, 43
Ginzberg, Ascher (s. a. Achad
    Ha-am) 125
Gobineau, Josef Arthur von 112
Gordon, Jehuda Lebh 122
Grynspan, Herschel 117

Heinrich IV. 42–46, 49
Herzl, Theodor 124, 126, 129,
    131
Heß, Moses 124, 127
Hieronymus de Santa Fe (s. a.
    Jehoschua hallorqi) 72
Hillel 18, 20
Hönig, Israel (Edler von
    Hönigsberg) 97
Homberg, Herz 101
Hundt-Radowsky, Hartwig von
    104

Innozenz III. 48
Isabella von Kastilien 73

Israel ben Eli'ezer Ba'al schem tobh 87 f.
Isserlein, Israel, Rabbi 59 f.

Jakob Bassevi von Treuenberg 91
Jakob ben Ascher 76
Jehoschua hallorqi (s. a. Hieronymus de Santa Fe) 72
Jehuda hannasi 19
Jochanan ben Zakkai, Rabbi 13 f.
Joly, Maurice 113
Joseph II. 85, 95 f., 100
Joseph Hammeqanne 62
Josephus Flavius 12, 22, 27–29
Jud Süß (s. a. Josef Süß Oppenheimer) 96
Justinian I. 30 f.
Juvenal 26 f.

Kalischer, Zwi Hirsch 127
Kastner, Rudolph 121
Kimchi, Josef 75
Kimchi, David 75
Königsberger 95
Kolonymus aus Mainz, Rabbi 44 f.

Landau, Jechezqel 101
Lantfried 39
Lanz von Liebenfels, Jörg 109
Lavater, Johann Caspar 100
Lessing 96
Lichtenstein, Richard 121
Lincoln, Hugo von 53
Lueger, Dr. Karl 108 f.

Maggid von Meseritz 88, 90
Maimonides, Moses 67, 75 f.
Manasse ben Israel 98
Mapu, Abraham 122
Marr, Wilhelm 106
Martini, Raymund 70, 72
Marx, Karl 106
Me'ir von Rothenburg 43
Menachem Mendel von Witebsk und Minsk 88

Mendelssohn, Moses 31 f., 96, 100
Mikulski 84
Molcho, Salomo (s. a. Pines, Diego) 79 f.
Montefiore, Moses 127
Mosche ben Chanokh 66
Mosche Lopez Pereyra (s. a. Diego de Aguilar) 94
Moses dal Castellazzo 78

Nachmanides, Moses (s. a. Bonastrug de Porta) 68 f., 75 f.
Natan von Gaza 81
Nordau, Max 130

Oppenheim, David 86
Oppenheimer, Emanuel 92
Oppenheimer, Josef Süß (s. a. Jud Süß) 95
Oppenheimer, Judith 92
Oppenheimer, Samuel 92, 95

Petrus Venerabilis 43, 46 f.
Philo 22 f., 29
Pines, Diego (s. a. Salomo Molcho) 79
Pinsker, Leon 123, 128 f.

Raschi (s. a. Schlomo ben Jizchaq) 32, 43, 75
Reubeni, David 77–80
Rohling, August 94, 109 f.
Ruehs, Friedrich 103

Sabbatai Zwi 32, 81–83, 86
Salomo ibn Gabriol 67
Samuel ben Meir Hallevi Abulafia 70
Samuel Hannagid 67
Schimon bar Jochai 85
Schimon ben Gamaliel II. 18
Schimon ben Kosiba 16 f.
Schlomo von Luzk 90
Schneur Salmann von Ladi 88

Schnirer, Moritz 125
Simon von Trient 54, 58, 110
Spinoza, Baruch 31 f., 82, 98
Stöcker, Adolf 107 f.
Streckfuß, Karl 105

Theodosius I. 38
Theodosius II. 19
Thomas de Torquemada 73
Tiberinus, Johannes Mathias 54
Treitschke, Heinrich von 107, 115

Vogelsang, Karl 108

Wagner, Richard 107
Wallenstein 91
Werner von Oberwesel
   53
Wertheimer, Samson 93
Wertheimer, Wolf 94
Wessely, Hartwig 101

Zunz, Leopold 106

Sachregister

Action francaise 110
Adelantados 74
Aelia Capitolina 16 f.
Ägypten 15, 27 f., 134
Ahabhat Zion 122
Alexandria 15, 28 f., 78
Alhambra 73
Aljama 74 f.
Alldeutscher Verband 115
Alliance Israelite Universelle 110
Altneuland 129
American Jewish Joint
  Distribution Committee 121
Amsterdam 33, 81 f., 86, 98
Antichrist 41 f.
Antisemitenkatechismus 115
Antisemitenpetition 107
Antisemitismus 53, 104, 106,
  108–110, 112–116, 122
Antisemitismus, rassischer 112
Apokalyptik 12
Aragon 68, 69–71
Arba'a Turim 76
Arierparagraph 109
Aschkenasen 33
Aufklärung 87, 95, 99, 110 f.
Aufstand im Warschauer Ghetto
  120
Auschwitz 119 f.
Autoemanzipation 124, 128 f.

Bad, rituelles 34
Balfour-Erklärung 131–133
Bar Kochba-Krieg 132
Barcelona 68, 71, 75 f.
Barnabasbrief 36
Baseler Konzil 34
Bekennende Kirche 116
Beschneidung 16 f., 18, 64
Betar 17
Biluisten 128
Blutbeschuldigung 52, 54 f.

Bne Zion 101
Brunnenvergiftung 52, 57

Chaibar 77 f.
Chassidim 88 f., 122
Chassidismus 87–89
Chazaren 33, 66
Chibbat Zion 128
Codex Theodosianus 19, 30, 38
Confessio Germanica 116
Conversos 71, 73
Cordoba 65–67, 71

Deggendorf 55 f.
Deutsche Christen 116
Deutschvölkischer Schutz- und
  Trutzbund 115
Diaspora 12, 20, 26, 29, 121, 133,
  135
Dolchstoß-Legende 116
Dönme 82 f.
Dura Europos 21 f.

El Transito 70
Emanzipation 99, 105 f., 110,
  122–124
Emanzipationsbewegung 31, 97
Emden 85 f.
En Soph 90
‚Endlösung der Judenfrage‘ 104
Entdecktes Judentum 110
episcopus Judaeorum 34
Essener 12
Exilarch 20

fiscus judaicus 16
Fleck, gelber 34
Frankfurt am Main 34, 51, 58
Frankisten 77 f., 87
Frankreich 33, 57, 110
Friedericianum 61
Fulda 48, 53

Geld- und Pfandleihgeschäft 47
Geldverleih auf Zinsen 60
Geldverleiher 61
Gerona 71, 76
Gesetz zum Schutze des deutschen
  Blutes und der deutschen Ehre
  116 f.
Gesetz zur Wiederherstellung des
  Berufsbeamtentums 116
Ghetto 34, 119 f.
Glaubensgespräch 83, 84
Gottesmord 52
Gottesmordmotiv 36
Granada 65 f., 73

Hamburg 33 f., 81, 86
Hammer, Der 115
Handbuch der Judenfrage 115
Ha-schachar 126
Haskala 89, 122
Hepp, hepp 104
Historie von Simon 54
Histradut 133
Hoffaktor 95
Hofjuden 32, 65, 73, 91, 111
Hofrabbiner 76
Holocaust 134
Hostienfrevelbeschuldigung 51, 55,
  60

Inquisition 79
Inquisition, spanische 73
Israel 21, 73, 135

Jerusalem 10, 16 f., 20, 23, 29, 69,
  78
Jewish Agency for Palestine 121,
  133 f.
Judenfleck 58
Judengesetze 32
Judenhut 34, 59
Judenrat 119 f.
Judenrecht 74
Judenregal 49 f.
,judenrein' 118

,Judensau' 53, 58
Judenschutzbrief 39, 61
Judenspiegel 104
Judenstaat, Der 130
Judenstern 118
Judensteuern 52
Judenverfolgung 55, 132
Juderia 74

Kabbala 79, 82, 85, 88, 90
Kadimah 125
Kallinikum 38
Kammerknechtschaft 36, 49–51
Kastilien 70 f., 73, 76
Kastner-Transporte 121
Keren hajesod 133
Keren Kajemet 133
Kibbuz 133
Kirche und Synagoge unter dem
  Kreuz 42
Kischinew-Pogrom 1903 126, 130
Konzil von Nicäa 36
Konzil von Toledo, 4., 6. 64
Kriegsfaktor 92
Kunst, jüdische 19

Laterankonzil, 4. 34, 48
Lebendes Kreuz 42
Liberalismus 111

Madagaskar 119
magister Judaeorum 34
Maidanek 121
Mainz 45
Marranen 64, 71, 73, 79, 97
Maskilim 122
Massada 17, 29
Mitnaggdim 88
Mittelmeerhandel 58
Münchener Abkommen 118
Mystik 20, 31, 82

Narbonne 75
Nationalsozialismus 53, 108, 114
Navarra 66

Nehardea 21
Niederlande 33, 74, 97 f.
Nordstämme, zehn 77
Novemberpogrom 117

Odessaer Komitee 128
Österreich 32
Offenbach am Main 83, 85
Ostara 109
Osteuropa 33

Palästina 16, 20 f., 31
Palästinamandat 132, 134
Palästinaproblem 134
Palästinateilungsplan 134
Patriarchat 18-20
Pestepidemie 57
Pestjahr 1349 51
Pfandleihgeschäft 58
Pharisäer 12 f.
Poesie, hebräisch-liturgische 31, 33
Pogrom 54, 60, 71, 73, 84, 127, 131
Polemik, antijüdische 35, 52
Polen 83
Portugal 33, 79, 80
Prag 86
Protokolle der Weisen von Zion 28, 113 f.
Protozionismus 81
Pugio Fidei 70, 72
Pumbedita 21

Qumran-Essener 13, 17

Rab de la Corte 70
'Rassenschande' 104
Rassentheorie 112
Reconquista 68
Reformjudentum 127
Reichssicherheitshauptamt 118
Reichsvertretung der deutschen Juden 117 f.
Reichsvereinigung der Juden in Deutschland 118

Reichszentrale für jüdische Auswanderung 118
Religionsdisput von Barcelona 1263 68
Rheinland 57
Ring, gelber 34
Ritualmord 53, 115
Ritualmordbeschuldigung 48, 52–55
Ritualmordmärchen 28, 110
Röttingen im Taubertal 56
Rom 79 f., 82
Rom und Jerusalem 124

Sabbat 10, 17, 26, 41, 60, 64
Sabbatgrenze 34
Sabbatianer 83, 86
Sabbatianismus 81, 83, 85 f., 88 f.
Sadduzäer 12
Schekhina 20, 90
Schi'ur qoma 42
Schoa 132, 135
Schwarzer Tod 57
Sepharden 32
Sepher ha'iqqarim 76
Sepher Jetzira 31
Sephirot 84, 88
Septuaginta 27, 31
Sevilla 65, 70
Speyer 40, 44
Spitzhut, gehörnter 34, 48
Staat Israel 121
Stern, gelber 118
'Stürmer', Der 107, 114 f.
Synagoge 20–22, 30 f., 34, 38, 41, 55, 67
Synagoge 'El Transito' 70

Talmud 32, 115
Talmud, babylonischer 21, 31
Talmudjude, Der 109, 115
Tel Aviv 129
Tempelberg 78
Tempelvorhang 35
Teufel 37, 52 f., 58, 112

Thessalonikerbrief 35
Tiqqun 81, 84
Tötbriefe 50
Toldot Jeschu 42
Toledo 65, 70f., 73, 76
Toleranzpatent 9 5 f., 100 f.
Tora 23 f., 90, 101
Tortosa 71–73, 76
Trient 54

Uganda-Lösung 131
Unabhängigkeitserklärung Israels 134
Uscha 18

Venedig 34, 39, 78, 80
Vertreibung der Juden 51, 62
Vierländersynode 83, 86

Wannseekonferenz 118
Wehen der messianischen Zeit 14
Westmauer 13, 78
Wiener Gezera 50
Wiener Kirchenzeitung 108
Wiener Kongreß 103 f.
Wilna 88 f.
Wissenschaft vom Judentum 102 f.
World Jewish Congress 121
Worms 40, 44
Wormser Privileg 49

Zaddiq 89–91
Zinsgeschäft 58, 61
Zionismus 121-123, 129 f., 132
Zionistenkongresse 113, 124, 129–131, 133
Zohar 85, 87

7 9 10   52, 19, 34, 40   85   108

Balfour ~ 131

Völkerbund 132

desavouiren – im Stich lassen